Vier Tage Mytilini
oder
Das Bewusstsein der Ohnmacht

Vier Tage Mytilini
oder
Das Bewusstsein der Ohnmacht

Niko Papadakis

*Der Vorteil der Klugheit besteht darin,
dass man sich dumm stellen kann.
Das Gegenteil ist schon schwieriger.*

Kurt Tucholsky (1890-1935)

*Lebt wohl! Dich halt' ich nicht; bist mir zu teuer;
Und, fürcht' ich, deines Wertes wohl gedenk.
Der Freibrief deines Selbst wird dein Befreier,
Mein Recht an dich ist allzu eng beschränkt.
Denn wie besäß ich dich als durch dein Geben?
Welch ein Verdienst erwürb mir solche Güter?
Der Grund so holder Gunst fehlt meinem Leben:
Und so kehrt mein Geschenk zum Eigner wieder.
Fremd war dein Wert dir selbst, als du dich brachtest;
Ich, der Beschenkte, wohl zu hoch gemessen;
So fällt die Gabe, die im Wahn du machtest,
Dir wieder heim nach reiferem Ermessen.
So hab' ich dich gehabt nur wie im Fieber,
Im Traum ein König! wachend ist's vorüber.*

William Shakespeare

Lektorat & Bilder　　: Helga Papadakis

© 2014 Niko Papadakis
Herstellung und Verlag: Books on Demand GmbH, Norderstedt.
ISBN 978 373 573 8301
Bibliografische Information der Deutschen Nationalbibliothek
Die Deutsche Nationalbibliothek verzeichnet diese Publikation in
der Deutschen Nationalbibliografie; detaillierte bibliografische
Daten sind im Internet über http://dnb.d-nb.de abrufbar.

Inhaltsverzeichnis :

Teil 1

Seite 07	Pater Nikodemus
Seite 12	Pater Nikodemus bewirtet uns
Seite 15	Die Zweifel des Pater Apostolis
Seite 21	Anastasias Brief
Seite 24	Kunst
Seite 27	Die falsche Lehre des Glaubens
Seite 28	Pater Apostolis und die Musik
Seite 32	Vangelio
Seite 42	Feen auf Paros
Seite 45	Das Rätsel
Seite 48	Das Opfer
Seite 53	Der Mann aus Zucker
Seite 54	Die gute Schwester
Seite 56	Der Abschied

Teil 2

Seite 60	Die unsichtbare Grenze der Seele

Seite 99	Bisher erschienen

Bilder Seite 47 & 59 : Altstadt von Molivos

Teil 1
Pater Nikodemus

„Zu einer Zeit, als noch Himmel und Erde sehr nah beieinander waren, behaupteten unsere Vorfahren, dass die Tiere von Zeit zu Zeit an genau diesem Himmel lecken konnten, da die Tautropfen schmackhaft waren. Es war ein ruhiges, friedliches und harmonisches Miteinander. An einem trügerischen Tag jedoch, der Übermut hatte einen Hirten names Dionysos übermannt, nahm dieser Unglückselige einen Mistklumpen, formte ihn zu einer Kugel und warf diese gegen den Mond. Der Dreck soll so am Mond festgeklebt sein, dass die dunklen Flecken zu erklären sind, die der Mond noch heute hat.
Der Himmel hielt daraufhin Rat und man einigte sich in einer schnell einberufenen Konferenz mit den Meeren darauf, dass der Himmel an Höhe und das Meer an Tiefe gewinnen sollte. Das Meer, so sagt man, war zu jener Zeit sehr flach und man konnte sogar darauf gehen.
Da gab das Meer dem Himmel Höhe und der Himmel dem Meere Tiefe, und das Beieinander war nur noch eine Legende."
Pater Nikodemus nahm einen Schluck aus seinem Wasserglas, wischte sich den Mund mit einer gekonnten Bewegung ab und fuhr fort:
„So ist es auch mit uns Menschen, gebt ihr mir Recht?" Der alte Pope hatte wieder sein verschmitztes Lächeln parat, als er uns aus seinen kleinen Augen durch die John-Lennon-Brille ansah. Sein Handy klingelte und er entschuldigte sich bei uns mit einer stummen Geste und meldete sich mit einem „Oriste".
Er hörte aufmerksam einige Sekunden zu, um dem Anrufer zu antworten: "Das ist das, mein Bruder, was uns Gott auferlegt hat. Wir sind Schäfer." Nach einer Pause, während er der Stimme zuhörte, erwiderte er: „Komm doch heute Abend auf ein Glas Retsina….ja, so gegen 9:30 Uhr, nach der Abendmesse." Er betä-

tigte die Austaste des Handys, schaute nochmal aufs Display, steckte es unter seiner Kutte in die Hosentasche und lächelte uns an.

Wir hatten Pater Nikodemus aufgesucht, da wir von Freunden hörten, dass auf der Insel Lesbos ein heiliger Mann leben würde, der, wenn es um den irdischen Reichtum geht, einer der reichsten Männer der Insel sei, da seiner Familie sehr viele Ländereien gehören. Nikodemus jedoch benötigt lediglich 200 Euro im Monat für sich, alles andere geht an gemeinnützige Institutionen und an die Kirche. Pater Nikodemus, inzwischen 82 oder 84 Jahre alt, sein genaues Alter hatten wir bis dahin nicht erfahren, da er gerne damit kokettierte, war der Klosterpfarrer vom Kloster Misiortisas und dem Taxiarchis-Kloster. Wir saßen im Kafenion, und nachdem er einen weiteren Schluck Wasser genommen hatte, fuhr er fort: „Gerade rief mich Pater Apostolos an. Er kämpft alle Jahre wieder mit der Frage, ob er auch der richtige Mann sei, seiner Gemeinde vorzustehen. Er ist in Kaloni Priester, seit über zwanzig Jahren, und immer wieder quält ihn die Erkenntnis, dass er nicht alles von heute auf morgen verändern kann. Ich sage ihm: Apostole, habe Geduld und Gelassenheit, denk doch daran, wie viel Beharrlichkeit Gott bei uns Menschen hat. Vor wenigen Wochen erzählte ich ihm die Geschichte, als Gott sehr großen Ärger mit den Riesen hatte, die in früheren Jahren die Mächtigen auf der Erde waren. Sie fühlten sich eines Tages so stark, dass sie die Herrschaft über alle Planeten haben wollten, und Gott war ihnen daher eine Bürde. Sie stiegen auf den höchsten Berg, nahmen Felsblöcke und warfen sie gegen den Himmel, in der Hoffnung, so Gott zu treffen. Er nahm es zunächst sehr gelassen, griff lediglich einige Blitze und schleuderte sie zur Abschreckung herab. Fast alle flohen und so hatte Gott einige Zeit Ruhe mit diesen Krawallmachern. Nach kurzer Zeit kehrten sie jedoch wieder zurück, nahmen noch größere Steine und warfen

diese mit noch größerer Wucht gegen den Himmel. Die Blitze, die von Gott nun folgten, waren gefährlicher und für manche Riesen, die sich sehr weit oben auf dem Berg aufhielten, auch tödlich. Der Rest floh erneut. Die Enttäuschung, nicht die Herrschaft über alles zu erhalten, machte die Riesen erfinderisch. Ein besonders kluger Kopf äußerte die Idee, dass man ein Katapult aufstellen sollte mit einer großen Schleuder, um selbst zum Himmel geschleudert zu werden, Gott zu besiegen und ihn vom Thron der Welt zu verjagen. Noch während der Vorbereitung sandte Gott einen Blitzstrahl und der so mutige Riese wurde in ein Aschenhäufchen verwandelt.
Die Gier nach Macht ließ jedoch die anderen immer noch nicht zur Besinnung kommen und sie türmten Stein auf Stein, Brocken auf Brocken, um einen hohen Berg zu errichten, damit sie endlich Gott angreifen konnten. Da Gott erkannte, dass die Riesen niemals zur Vernunft gelangen würden, schickte er seine Engel, die alle Riesen bis in alle Ewigkeit im Inneren eines Berges einschlossen."

Pater Nikodemus nickte, um dieser Geschichte noch ein größeres Gewicht beizumessen. „So ist auch Apostolis", fuhr er fort, „ er hat die Wege des Herrn trotz der vielen Jahre noch nicht endgültig verstanden. Gott, meine Freunde, ist Licht und Schatten, ist Freude und Trauer. Gott ist der Allmächtige."
Als Pater Nikodemus' Handy noch einmal klingelte, nahm er es wieder aus der Tasche, sah schmunzelnd auf das Display und sprach: „Hallo Apostolis, ja eine viertel Stunde später ist auch in Ordnung. Gotte segne Dich".
Der Blick, den er daraufhin auf seine Armbanduhr richtete, zwang uns, Pater Nikodemus zu sagen, dass wir gerne, wenn seine Zeit begrenzt sei, unser Gespräch in den nächsten Tagen fortsetzen könnten. Er meinte daraufhin, dass er zu einer Totengedenkfeier nach Skalochori gehen müsste und er sich freuen würde, uns am Abend noch einmal zu sehen.

Wir sollten doch um 20:00 Uhr zur Mandamados-Kirche kommen, dort würde Pater Iraklis die Messe halten. Wir sollten dieses Wunder beobachten. Pater Iraklis hat massive Störungen beim Redefluss, wenn er jedoch eine Messe abhält, stottert er überhaupt nicht. Danach sollten wir zu Pater Nikodemus nach Hause kommen, Pater Apostolis würde auch da sein. Wir dankten Pater Nikodemus und ich rief den Wirt, um die drei griechischen Mokkas zu bezahlen, die wir bei unserem Kommen in diesem Cafe bestellt hatten. Der Pater hob die Hand: „Lieber Freund, bezahlen kannst Du in Deinem Dorf, hier bin ich zuhause." Sprach´s, erhob sich, reichte dem Wirt einige Münzen und ging gebeugt und mit dem Stolz seiner Erhabenheit weg.

Lasst mich einige Worte über die zwei Menschen berichten, die zusammen mit Pater Nikodemus im Kafenion in Kaloni saßen.
Sie: Mitfünfzigerin, gebürtige Badenerin mit griechischem Herzen und Griechenland als Mittelpunkt ihres geistigen Lebens.
Er: Ende der Fünfzig, gebürtiger Grieche mit massivem schwäbischen Einschlag, der durch Sie wieder zurück zu seinen griechischen Wurzeln gefunden hatte.
An einem Wintertag des Jahres 2012 kam Sie mit einem Lesbos Reiseführer und meinte, dass diese Insel sicherlich eine Reise wert wäre.
Ein kluger Ehemann schmettert nicht alles ab, schaut sich die Sache an, liest die eine oder andere Seite des Reiseführers, runzelt die Stirn und sagt, nachdem er eine bedeutungsvolle Pause eingelegt hat: "Nicht schlecht". Die Ehefrau ist glücklich und man hat für vierundzwanzig Stunden eine gewisse Ruhepause. Dieses Mal waren es weniger als zehn Stunden, bis Sie nachfragte und wie immer ihren Willen bekam.

Tatsächlich ist Lesbos, dessen Ursprung bis zum dritten Jahrtausend vor Christus nachgewiesen wurde, eine Insel, die man niemals vergessen wird. Irgendwann viel später haben wir nachgelesen, dass der Sonnengott Helios persönlich die ersten Siedler begleitet hat. Sie gründeten zahlreiche Städte, und jede Stadt erhielt den Namen eines der Helios-Kinder. Der erste Siedler unter Helios' Führung hieß Makeleas und „Lesbos" hieß dessen Lieblingsschwiegersohn. Helios hatte fünf Töchter, diese konnten sich bei der Namensgebung so durchsetzen, dass drei dieser nach ihnen benannten Städte heute noch existieren.

Meine Frau meinte, dass man doch hier deutlich sehen könnte, dass die weibliche Spezies viel robuster wäre als die männliche, damals wie heute.

Die Städte entwickelten sich prächtig und der Herrschaftsbereich dehnte sich bis nach Kleinasien aus. Aber dort wo Wachstum herrscht, dort herrscht auch Neid und Eifersucht. Die Adligen wollten immer mehr, und die Alleinherrscher der damaligen Zeit ließen sich nicht viel gefallen. Einer dieser Alleinherrscher, im Volksmund auch „Tyrann" genannt, war ein gewisser Pittakos.

Pittakos erließ die ersten schriftlichen Gesetze, die die Macht der Adeligen massiv einschränkten. Viele Adelige verließen daraufhin die Insel. Nachdem die Auseinandersetzungen ein Ende fanden, trat er zurück mit dem Hinweis, dass es zu schwer wäre, auf Dauer tugendhaft zu bleiben.

Er galt als einer der sieben Weisen.

Wie gerne würden wir heute solche Tyrannen wählen wollen.

Pater Nikodemus bewirtet uns

Es ist üblich, dass man, wenn man irgendwo eingeladen ist, zu Party, Brunch, Dinner und so weiter, etwas mitbringt. Wir versuchten, etwas Persönliches zu finden. Am liebsten etwas Selbstgemachtes, aber jetzt auf Lesbos? Wahlweise doch Alkohol, Schokolade oder Blumen? Langweiliger geht es nicht. Aber was bringst Du einem über achtzigjährigen Popen mit, den Du erst eine halbe Stunde gesehen hast und sonst gar nicht kennst. Der Zufall kam uns zu Hilfe. Da wir in Griechenland grundsätzlich griechisch miteinander reden, sprach uns die Verkäuferin des Touristenladens an, in dem wir Ausschau nach etwas hielten, das uns als ein richtiges Gastgeschenk erschien. Sie entschuldigte sich, uns belauscht zu haben und meinte, wenn wir Pater Nikodemus eine Freude bereiten wollten, dann mit getrockneten Früchten, die man gegenüber beim Getränkemarkt kaufen kann. „Beim Getränkemarkt?" fragte meine Frau, wobei die Verkäuferin schmunzelnd beifügte: „Ja diese Früchte sind mit hochkarätigem Weihwasser angesetzt."
Also war dieses Problem vom Tisch und als wir kurz vor 21:00 Uhr an der Tür des alten Hauses klopften, das Pater Nikodemus bewohnte, erwartete uns nicht nur der wunderbare Duft eines Bratens, sondern auch ein Pater mit einer Kochschürze, auf der in griechischer Sprache zu lesen war: Hier kocht der Chef.
Er begrüßte uns und bat uns hinein in eine kleine Wohnküche, die karg, aber sehr ordentlich aufgeräumt war. Eine Küchenzeile mit Küchengeräten deutscher Herkunft beherrschte die eine Wand, an der anderen waren Ikonen und Kerzenleuchter zu finden. Ein Holztisch und sechs Stühle vervollständigten den Raum.

„Kommt rein, nehmt Platz. Pater Apostolis wird auch gleich kommen, aber lasst uns zunächst einen kretischen Raki auf diesen Abend trinken."
Er schenkte den Schnaps in große Gläser ein. „Lasst uns den Teufel vertreiben", sagte er, prostete uns zu und trank einen großen Schluck. Meine Frau und ich genehmigten uns einen etwas kleineren, der jedoch sofort durch die Speiseröhre in den Bauch und dann wieder zurück zu den Augen floss und dort herausquoll.
„Sagte ich doch", sagte Pater Nikodemus „lasst uns den Teufel vertreiben."
Auf dem Tisch war eine Vielfalt von Mezedes zu finden. Oliven, Käse, getrocknete, in Salz eingelegte Sardellen, Tomaten, Gurken, ein Topf mit irgendeiner undefinierbaren Paste und frisches Brot.
Pater Nikodemos machte eine einladende Geste, nahm sich ein Stück Weißbrot und kaute es genüsslich. „Wie gefällt Euch unsere Insel?" fragte er uns. In diesem Moment erinnerten wir uns an das kleine Gastgeschenk, und als wir es ihm gaben, küsste er uns auf beide Wangen, nahm es, stellte es ohne es zu öffnen auf ein kleines Podest und sagte. „Auf, lasst uns etwas essen, für Apostolis wird noch genug übrig bleiben."
Bekanntlich halten die Griechen heißes Essen für ungesund. Der Eigengeschmack würde abhanden kommen, und so weiß jeder, der bei Griechen eingeladen wird, dass meistens das Essen lauwarm serviert wird. Nicht besonders erwähnt werden sollte auch die Tatsache, dass alles in Griechenland mit Olivenöl und reichlich Knoblauch verfeinert wird. Diese beiden Zutaten sind nicht unerheblich daran beteiligt, dass die Kreislauferkrankungen in Griechenland selten sind. Inzwischen war es weit nach einundzwanzig Uhr und für Griechen die optimale Uhrzeit, ein opulentes Abendessen zu sich zu nehmen.
Pater Nikodemus öffnete seinen Backofen und eine Armada von weiteren Köstlichkeiten wurde auf den

Tisch verfrachtet, wobei dieser fast überquoll. „Bevor Ihr Euch zu viele Gedanken macht", sagte er, "all das hat mir Themis gebracht, er hat die Taverne unten an der Hauptstraße. Ich koche zwar gern, aber diese Köstlichkeiten sind von Themis". Wir sahen gegrillten Tintenfisch, Gigantes, diese dicken weißen Bohnen in einer Essig-Tomaten-Soße, Tsatsiki war zu sehen und zu riechen, etwas, was für mich dasselbe ist wie für einen Vampir der Knoblauch, für meine Frau jedoch ein Leckerbissen war. Taramosalata war dabei, dieses rosafarbene Püree aus Fischrogen, und auch Keftedakia, kleine scharf gewürzte Hackfleischbällchen, durften nicht fehlen.
Pater Nikodemus schenkte uns Retsina ein, dachte kurz nach und fragte:
„Habt Ihr in Deutschland auch Retsina?" Wir berichteten, dass es viele griechische Großmärkte gibt, wir unseren Retsina in 0,5 l oder sogar in 0,25 l-Flaschen kaufen, und dass Malamatina für uns der leckerste wäre.
„Im alten Griechenland wurde Wein in Schläuchen aus Ziegenfell oder in Amphoren aufbewahrt, die mit Harz abgedichtet waren. Das beeinflusste nicht nur das Aroma des Weins, sondern machte ihn auch haltbarer", wusste Pater Nikodemus zu berichten.
„Heute wird dem Retsina während der Gärung Harz in kleinen Mengen zugegeben, um ein vergleichbares geschmackliches Ergebnis zu erzielen. Während früher ein höherer Harzanteil üblich war, ist seit den 60er Jahren des 20. Jahrhunderts Retsina mit einem geringeren Harzgehalt von 1% bis maximal 2% zunehmend anzutreffen. Zur Retsinaherstellung wird das Harz der einheimischen Baumarten Kalabrische Kiefer oder Aleppo-Kiefer verwendet."
Der „heilige" Mann wusste sehr Vieles, das haben wir früh erkannt. Wir hingegen stocherten mit unseren Gabeln in dem einen und anderen Teller herum und füllten Mund und Magen mit den Köstlichkeiten. Schließlich hatten wir lediglich ein ausgedehntes Frühstück gehabt und den Tag über nur Kleinigkei-

ten gegessen, um den größten Hunger zu verdrängen.
Als es an der Tür klopfte, sahen wir uns an, wie wenn wir etwas zu verbergen hätten, so gierig waren wir über die Speisen hergefallen.

Die Zweifel des Pater Apostolis

Ein hagerer Mann Mitte Fünfzig setzte sich zu uns und goss sich einen kräftigen Schluck Retsina ein. Die Begrüßungszeremonie hatten wir sehr schnell hinter uns und Pater Apostolis, der fünf Sprachen fließend beherrschte, erkundigte sich in einem astreinen Hochdeutsch, woher wir kämen und zeigte sich sehr erfreut, dass wir Stuttgart gut kannten. Er war dort vier Jahre in der orthodoxen Gemeinde tätig gewesen. Neben seiner Muttersprache griechisch beherrschte er deutsch, englisch, französisch und italienisch fließend.
Sehr schnell fuhr er jedoch auf Griechisch fort und berichtete, dass er früher in der Touristikbranche tätig war. An dem Tag, als seine Frau vor seinen Augen umgekommen war, hatte er aber allem irdischen entsagt und war zunächst für ein halbes Jahr in ein Kloster gegangen, wo er später Pater Nikodemus traf. Dieser überredete ihn, ein Priesterseminar zu besuchen.
Pater Apostolis, der schon einmal Jahre zuvor den Entschluss gefasst hatte, in ein Kloster zu gehen, war zwischen der Liebe zu Anastasia, seiner späteren Ehefrau, und der Verbundenheit zu Christus hin und her gerissen.
Pater Apostolis, mager und für einen Griechen völlig untypisch blond gelockt, hatte eine exotische Stimme. Exotisch, weil er in seiner Aussprache die Begriffe und Namen, die vorkamen, exakt in der landestypischen Aussprache artikulierte. „Teutoburger

Wald" wurde sehr germanisch ausgesprochen, der „schiefe Turm von Pisa" romanisch, und als er von Montparnasse sprach, klang es französischer als von einem Franzosen selber ausgesprochen. Mit leidenschaftlichem Enthusiasmus erzählte er von seiner Arbeit im Kloster und im Dorf. Die Begeisterung und die tiefe Verwurzelung mit dem orthodoxen Glauben waren unübersehbar.
Seine Augen hatten den Glanz eines tiefen Sees.
„Darf ich Euch etwas berichten", sagte er und fuhr fort, „hier in Griechenland ist der Ursprung aller Reichtümer. Und die Reichtümer, die ich meine, sind nicht Geld oder Aktien, Reichtümer sind nicht die Münzen, die alte Leute unter ihrem Bett verstecken, es ist der Geist, den ich meine, die Muse, die Poesie. Ich weiß nicht, ob Pater Nikodemus euch schon erzählte, dass ich aus Zentralgriechenland komme, aus einem Dorf nahe dem Parnassos- Gebirge."
Voller Stolz fuhr er fort. „ Nach diesem Gebirge ist auch Montparnasse benannt. Hier lebten und wirkten Persönlichkeiten wie Gertrude Stein, Pablo Picasso, Marc Chagall, Henry Miller, Andre Breton, Ernest Hemingway, Salvatore Dali, Jean-Paul Satre, Samuel Beckett und unzählige weitere Künstler, alle beeinflusst vom Geist, der in Delphi seinen Ursprung hatte.
Aus unserem Dorf stammte auch Polygiris, ein Mönch vom Kloster des heiligen Lukas. Dieser fasste den Entschluss, das Winterhalbjahr auf dem Gipfel zu verbringen. Er wusste, dass dieser Berg in der Mythologie Apollon geweiht war und dass dort die Lyrik der Musen ihren Ursprung hatte. Polygiris wollte in der kargen Einsamkeit seine Erleuchtung finden. Er wusste, dass es auf dem Berg Geister gab. Diese wollte er besiegen und er wollte mit reinem Herzen zurück ins Dorf, um mit sich und Gott ins Reine zu kommen."
In Apostolis Augen schimmerten jetzt einige Tränen.
"Der Mönch Polygiris hatte, als er noch jung war", so fuhr er fort, "seine geliebte Afro bei der Geburt sei-

nes Kindes verloren. Zwei Tage später starb auch das Kind." Apostolis dachte an sein Schicksal. Pater Nikodemus, der gerade aufstand, um aus dem Backofen den Topf mit dem Ziegenbraten zu holen, tätschelte Apostolis' Schulter. Dieser fuhr fort. „Polygiris richtete sich also in einer Höhle ein. Nahrungsmittel und alles, was sonst notwendig erschien, wurde gehortet. Voller Erwartung wollte er bis Ende März seine neue Behausung nicht mehr verlassen. Der üppige Schnee nahm ihm jegliche Sicht, so dass er fast sechs Monate weder Himmel noch Erde sah. Bis Mitte März hatte er es ausgehalten, und als er das Ende seines Lebens kommen sah, schrieb er mit einem Stein an die Wand : „Ich bin schon fast ein halbes Jahr hier, habe die Geister mit dem Wind kämpfen sehen, ich habe es überlebt. Aber jetzt habe ich keine Kraft mehr. Fürchterlich ist dieser Berg. Sogar Gott scheint sich hier nicht mehr aufhalten zu wollen. Ich sterbe mit der Bitte und der Warnung, dass kein Mensch mehr es wagen sollte, hier den Winter zu verbringen. Der Berg ist der Tod, meine Seele ist rein."

Apostolis erhob sein Glas. „Lasst uns auf das Seelenheil aller Menschen trinken."

In diesem Moment kam ein fusseliges Etwas auf uns zu. Beim zweiten Blick sahen wir, dass es ein Hund war, der uns zunächst einmal nicht wahrnahm oder wahrnehmen wollte. Krummbeinig und ohne zu wissen, was vorne oder hinten ist, machte das Tier einen Spaziergang und setzte sich schließlich zu Füssen meiner Frau.

„Das ist Antigone", sagte Pater Nikodemus. „Ab und zu besucht sie mich. Sie hat keinen Herren außer unserem Allmächtigen. Sie kommt und geht und niemand weiss, was sie als nächstes vorhat. Bei mir heisst sie Antigone, andere nennen sie „Mali", was ja Wolle bedeutet, und der Metzger Nikos ruft sie „Skyla". Manche Kinder nennen sie „Omorfula", was ich auch sehr nett finde."

Den Hund schien es nicht zu interessieren, dass man von ihm sprach. Die Schnauze zwischen den Pfoten ruhte Antigone, bis ein leises, aber doch vernehmliches Schnarchen uns sagte, dass sie sich wohl fühlte.
Pater Nikodemus hatte inzwischen den Braten mitten auf den bereits überfüllten Tisch gestellt. Der Duft von Gewürzen jeglicher Art war allgegenwärtig. Inzwischen mussten wir alle, und das taten wir gern, mithelfen. Jeder war Gastgeber und jeder war Gast. Leere Teller wurden aufgetürmt, und so verschaffte man sich Platz, das Mahl mit dem Braten fortzusetzen. Als ich mich irgendwann später fragte, ob ich nicht satt gewesen war, musste ich ein eindeutiges „Ja" sagen, aber wir waren bei Pater Nikodemus und wir waren in Griechenland. Er öffnete eine neue Flasche Retsina und sagte: „Wie schrieb unser Landesdichter Alkaios…Trinken wir! Denn wozu warten auf Licht?"
Wir hatten bei unserer Planung für die Reise nach Lesbos auch über Alkaios gelesen, der um die Wende des 7. ins 6. Jahrhunderts vor Christus lebte und wie Sappho Angehöriger der Adelsschicht war.
Wenn wir schon Sappho ansprechen, möchte ich gerne folgendes wieder geben, was uns Pater Apostolis viel später in dieser Nacht berichtete.
Vielleicht wäre es angebracht, vorher einige Fragmente Sapphos aufzuschreiben:
„Göttin der Liebe! Empfange mein Blumengebinde. Komm und erscheine uns. Fülle die goldenen Schalen, mische mit Nektar den Wein und schenke uns eine himmlische Freude."
„Untergegangen ist zwar der Mond und die Pleiaden. Nachtmitte schon und vorbei geht die Stunde. Ich aber schlafe alleine."
Pater Apostolis berichtete mit stolz erfüllter Brust, das Sappho für Platon die zehnte Muse war. Man weiß es nicht ganz genau, vermutet jedoch, dass sie in Eressos geboren wurde. Ihre Zuneigung zu Frauen gibt Anlass zu vielen Spekulationen. Als sie lebte,

waren die Machtkämpfe zwischen den Tyrannen und dem Adel voll entbrannt. Sie heiratete, gebar eine Tochter und wurde nach Sizilien verbannt. Als Witwe kehrte sie zurück und ließ sich in Mytilini, der Hauptstadt, nieder und lebte dort als Dichterin. Sie gründete einen Zirkel und leitete einen Kreis junger Mädchen in musischer Erziehung an. „Die gleichgeschlechtliche Sexualität", betonte Pater Apostolis, „war bei den Zeitgenossen Sapphos weniger problematisch als heute, obwohl wir heute das 21. Jahrhundert schreiben und zwischen der Zeit Sapphos und heute 2600 Jahre vergangen sind. Die archaische Männerwelt beinhaltete damals auch die Homophilie. Viele Jahrhunderte später wurden Sapphos Werke vernichtet. Es gibt nur noch sehr wenige vollständige Gedichte. Nur noch Fragmente sind erhalten geblieben. Sappho hat sich im hohen Alter, so sagt man, aus Kummer über die Abfuhr eines Jünglings ins Meer gestürzt."

Pater Nikodemus ergänzte, dass das Wort lesbisch, im Sinne von weiblich homosexuell, vom Namen der berühmten Lesvonierin Sappho, die in ihren Gedichten viel von der Liebe zu Frauen sang, abgeleitet wurde. Wegen dieser Anspielung ist Lesbos heute häufig touristisches Ziel von Lesben. Dies sehen die lesviotischen Behörden und die Kirchenführung mit großer Skepsis, sie verweigerten früher Passagierschiffen teilweise die Einreise.

„Gott, meine lieben Freunde, " fuhr Pater Nikodemus fort, „Gott der Allmächtige ist Herrscher über alles Irdische und Sterbliche. Unergründlich sind seine Wege, steht in der Bibel. Gott sandte einen Engel, er hieß Charos, um eine menschliche Seele aus der Welt der Lebenden zu holen. Es war eine wunderschöne Jungfrau. Ihre Schönheit, ihr Charme und das Klagen der Eltern stimmten ihn jedoch weich. Er blieb drei Tage dort, man bewirtete ihn gut und so ignorierte er seine von Gott gegebene Order und kehrte ohne ihre Seele zurück. Gott wurde daraufhin

sehr wütend und machte Charos taub, blind und lahm. Taub machte er ihn, damit er die Weinenden nicht mehr höre; blind, auf dass er nicht mehr sehe und unterscheide, ob die Seele, die er holen soll, die eines Greises, eines Jünglings, einer Jungfrau oder eines Kindes sei; lahm schlussendlich, um nicht schnell fliehen zu können von dem Orte, wo er sein Amt ausüben soll."
Nach Beendigung dieses Gleichnisses strömten die Tränen endgültig aus Pater Apostolis' Augen. Es war dieses Gleichnis, das ihm Pater Nikodemus auch erzählte, als seine Frau starb und er lebensunwillig und apathisch war.
Da ergriff meine Frau ihr Glas und sagte: „Auf Gott und auf die Menschen, die wir lieben".
Und Apostolis ergänzte: „Und auf unsere Freunde".

Pater Apostolis fasste in die Innentasche seiner Soutane und holte einige Schriftstücke heraus.
„Liebe Freunde", ergriff er das Wort. "Ich habe hier einige Briefe meiner Anastasia. Sie hat mir unzählige Briefe geschrieben und einige davon trage ich immer bei mir. Die sind nicht chronologisch, aber ich möchte Euch bitten, diese zu lesen. Ich möchte, dass Ihr Euch ein Bild von dieser wunderbaren Frau macht."
Er gab uns die Briefe mit. Wir haben sie am Folgetag gelesen.

Anastasias Brief

*Liebster,
das ist ein Entschuldigungsbrief von einer hochnäsigen Person an einen einfach wunderbaren Menschen. Einen Menschen und Freund, den ich nie verlieren möchte.
Ich darf und kann nicht über etwas urteilen, was ich nicht verstehe. In Deinem Fall ist es nun mal die Kirche, der Glaube. Die Tatsache, dass Du meinetwegen nicht Priester geworden bist, gibt mir das Gefühl, Macht über Dich zu haben, und ich gebe es zu, dass ich dieses Machtgefühl genieße. Komisch, jetzt wo ich das niederschreibe, höre ich Dich, wie Du zu mir sprichst. Ich bin furchtbar eingebildet, denn ich fühle mich mächtig und bin mir Deiner so sicher. Ich weiß, Du wirst mich trotz allem, was ich anstelle, gern haben und meine Nähe suchen. Es ist kein schönes Spiel, ganz und gar nicht, und Du verdienst es nicht, Spielfigur meiner Phantasie zu sein. Ich mag Dich wirklich viel zu sehr, als dass ich weiter mit Dir so umspringe.
Du hast so viel Wunderschönes an Dir, was ich nicht missen möchte. Du imponierst mir unwahrscheinlich und es erregt mich sogar, wenn Du, wie letzte Woche, mit einer bewundernswerten Nettigkeit, Gelassenheit und Selbstsicherheit Dinge erklärst und mir beibringst. Dieses Selbstbewusstsein und Deine charmante, attraktive Ausstrahlung lassen mich dahinschmelzen. Keine Sprüche, keine Ausschweifungen, keine Unsicherheit, einfach ein wunderbarer umwerfender Mann, der weiß, was er will.
Ich habe noch so viele Fragen an Dich, Dir noch so vieles zu sagen, aber je mehr Zeit vergeht, umso törichter komme ich mir vor, und zum ersten Mal in meinem Leben sehe ich mich als Versager. Ich habe versagt, weil ich Dich so nah an mich herangelassen habe.*

Ich möchte Dich immer wieder umarmen und nie wieder loslassen, weil Du bist wie Du bist, so habe ich Dich kennengelernt und so sehe ich Dich auch heute. Ich wiederhole mich, ich weiss. Aber es sind immer diese Worte, die ich Dir sagen möchte.
Ich weiss, immer wenn ich Dich verletze, ist es nicht ein Verletzen-, ein Wehtunwollen, sondern einzig das Ergebnis meiner bedingungslosen Ehrlichkeit und Zuneigung Dir gegenüber. Das ist alles, was ich Dir geben kann, und ich hoffe, es wird reichen, um aus eigener Kraft eine besondere Freundschaft zwischen uns zu schaffen.
Es ist so unsterblich schön, Dich in meiner Nähe zu wissen.
Somit kann ich Dich nicht ignorieren, weil Du einen festen Patz in meinem Herzen gefunden hast. Du wirst mir immer wieder Unrecht und damit wehtun, aber ich werde Dir jedes Mal aufs Neue verzeihen, auch wenn Du mich niemals darum bitten würdest.
Diese Gedanken beschäftigten mich auch in unserer schwersten Zeit. Du nanntest es Eiszeit. Diese Gedanken haben mich begleitet, und ich hoffe Dir sagen zu können, dass meine Gefühle immer noch Bestand haben.
Ich möchte vergessen, verzeihen was war und wieder Deine Anastasia sein, die ich vor wenigen Monaten noch war. Bitte, bitte lass mich für Dich da sein und sage es mir sofort, wenn ich auf dem falschen Weg bin.
Warum bin ich nur so ein Egoist, zu hoffen, mir zu wünschen, Du könntest nur für einen Bruchteil einer Sekunde mir allein gehören.
Ich höre Deine Worte, ich sehe in Deine Augen und sehe Sehnsüchte, Träume, Ängste, Verzweiflung, Verbitterung und versuche, mich darin zu finden.
Dich zu verstehen ist nicht immer einfach. Du bist wie ein Buch mit sieben Siegeln. Immer schaffst Du es, mich zu überrumpeln und etwas von mir zu verlangen, wozu ich nicht bereit bin. Was glaubst Du, wieviel Überwindung mich der letzte Ausflug nach

Mitilini gekostet hat. Nicht dass ich es nicht gerne gemacht hätte, aber ich habe die letzten Lügen noch nicht verdaut und Du verlangst nun die nächsten von mir.
Das Schattenleben hast Du satt, sagtest Du. Die Kirche verlange viel von Dir. Du sagtest, dass dieses Schattenleben die Sonnenseite wäre und jetzt soll es diese Sonnenseite nicht mehr geben?
Ich werde Deine Entscheidung akzeptieren, genauso, wie Du die meine akzeptieren wirst, ganz egal ob wir die Entscheidung des Anderen verstehen oder nicht. Du empfindest den gleichen Schmerz wie ich. Abschied, Trennung, Scheiden, all das hat mit einem Lebewohl zu tun. Und dieses Lebewohl möchte ich nicht, nicht so.
Manchmal glaube ich wirklich, Du lebst ein Leben ohne Dich selbst. Ich bin kein schlechter Mensch, kein Neider, kein Schlechtmacher. Wo bleibt das Ergebnis meiner Bemühungen, meines Vertrauens, meiner Ehrlichkeit Dir gegenüber? Wo bleiben all die Antworten, die wir uns nicht geben können?
Wenn wir nicht als Paar zusammen leben können, weil es Dein Stolz oder Deine Kirche nicht erlauben, dann lass uns doch wenigstens Freunde sein. Ganz gleich, was sie mir sagen möchten, Deine Blicke und Dein Lächeln möchte ich nicht missen.
Ich hasse mich und liebe Dich.
Deine Anastasia.

Pater Apostolis berichtete, dass Anastasia und er an ihrem zweiten Kennenlerntag geheiratet hatten. Es war ein dreizehnter April. Und nach dem Tode seiner geliebten Frau erhielt er die Priesterweihe auch an einem dreizehnten April.

Kunst

Das Wort Kunst bezeichnet im weitesten Sinne jede Aktivität, die aufgrund von Erkenntnis und Beobachtung entstanden ist. Kunst ist ein Kulturprodukt. Die Bildende Kunst und die Lyrik waren immer schon mit Lesbos verbunden, die Kunst war vom Ursprung her eine kultische Erscheinung.
Wir widmeten uns wieder eine Zeitlang nur dem Essen und ich war mir sicher, dass ich die fünf Kilogramm, die ich vor unserem Urlaub durch eine strenge Trennkost verloren hatte, inzwischen wieder angefuttert hatte. Doch das war mir jetzt gleich, ich konnte ja in Deutschland wieder mit der Diät beginnen. Es war nicht nur ein Gaumengenuss, sondern auch ein Genuss für die Seele, den Gleichnissen und Geschichten dieser zwei heiligen und doch so irdischen Menschen zu folgen.
Pater Nikodemus erzählte uns von seinem Onkel Theophilos Chatzimihail.
„Theophilos", begann er, „wurde als drittältestes Kind meines Urgroßvaters geboren. Er war das schwarze Schaf der Familie. Die Familie hatte acht Kinder, und mein Urgroßvater legte sehr viel Wert darauf, dass die Kinder eine gute Schulbildung bekamen, was Anfang der siebziger Jahre des 19. Jahrhunderts nicht unbedingt üblich war. Theophilos war jedoch an der Schule und den Zwängen, die damit verbunden waren, gar nicht interessiert. Er trieb sich am liebsten überall und nirgendwo herum. Wenn die Sonne aufging, gingen die anderen Kinder zur Schule, aber Theophilos begab sich am liebsten in die Natur, die ihn mit ihren Farben faszinierte. Sehr verärgert nahm ihn sein Vater von der Schule. Er wollte ein strengeres Auge auf diesen Sohn werfen und wollte ihm die Kunst der Schusterei beibringen. Der Junge jedoch hatte keinerlei Bedürfnis, diese zu erlernen. Sein Vater sperrte ihn das eine oder andere Mal in ein Verließ ein, einmal sogar drei Tage und drei Nächte

ohne Nahrung, aber es brachte nichts. Theophilos wurde dann zu seinem Großvater geschickt, der damals ein bekannter Ikonenmaler war. Er sollte dem Großvater über die Schulter schauen und sein Vagabundenleben beenden. Theophilos war ungeschliffen und schnippisch. Er organisierte Theateraufführungen, malte Bühnenbilder und ließ sich nicht in eine Schublade einordnen. Einen anständigen Beruf zu erlernen, eine ehrsame Jungfrau zu heiraten und eine Familie zu gründen, lag nicht in seinem Interesse. Sein Vater war heilfroh, dass er mehrere Kinder hatte, so war er sich sicher, dass er sich im Alter nicht auf Theophilos verlassen musste. Seine anderen Kinder würden ihn herzlichst aufnehmen. Theophilos jedoch erntete Hohn und Spott, und so fasste er eines Morgens den Entschluss, auszuwandern. Das heutige Izmir, damals Smyrna, hatte einen kosmopolitischen Charakter. Das zeigte sich damals am Vorhandensein von 35 Buchverlagen, 30 Casinos, 57 Hotels, 150 Schulen, 81 Apotheken, 15 Krankenhäusern und 269 Kneipen. 10 Zeitungen und 2 Magazine wurden publiziert, davon waren 3 griechisch, 3 türkisch und 4 französisch. Theophilos wurde im griechischen Konsulat als Aushilfe für den Empfang eingestellt. Er war sehr stolz, sein Heimatland in der Fremde zu vertreten. Er kleidete sich traditionell. Er wollte auf keinen Fall seine Heimat verleugnen. Doch der Unruhegeist erwachte bald wieder in ihm. Er kehrte aufs griechische Festland zurück, und die nächsten zehn Jahre war er in unzähligen Städten zu finden. Heute sieht man Wandmalereien von ihm in vielen Dörfern. Später kehrte er nach Lesbos zurück. Malen war sein Beruf geworden. Auch auf Lesbos zog es ihn von Dorf zu Dorf. Seine Ruhelosigkeit trieb ihn immer weiter. Er bemalte Fenster und Türen, er verschönerte die Wände der Tavernen und kleineren Geschäfte, sein Lohn war ein Abendessen und eine Ruhestätte für die Nacht.

Zu jener Zeit kam Stratis Eleftheriadis, wohlhabender Sohn eines Großgrundbesitzers, zu einem Heimatbesuch nach Lesbos. Mit achtzehn Jahren hatte er die Insel verlassen, um Rechtswissenschaften in Paris zu studieren. Paris, die Stadt der Kunst, hatte jedoch anderes mit ihm vor. Stratis schloss sich einer Pariser Künstlergruppe an und veröffentlichte eine der renommiertesten Kunstzeitschriften, *Cahiers d'Art*. Diese Zeitschrift erschien noch Anfang der sechziger Jahre des zwanzigsten Jahrhunderts. Er war ein Förderer von Dali, Matisse und Picasso. Er verlegte Bände von Fernand Leger und Andre Breton. Dieser Stratis Eleftheriadis lernte Ende der 20er Jahre Theophilos kennen. Er trank gerade seinen geliebten griechischen Mokka, als Theophilos an die Fassade gegenüber eines seiner Lieblingsmotive zeichnete.

„Wie heißt Du?" fragte Stratis mit einem sichtlich fremdländischen Akzent. „Frag Deine Mutter", erwiderte Theophilos schroff. Aus dieser ersten Begegnung entwickelte sich eine tiefe Freundschaft durch die beiderseitige Bewunderung der Kunst. Stratis vermachte Theophilos eine lebenslange Rente und somit war dessen Unterhalt gesichert. Er sorgte dafür, dass genügend Leinwand und Farben vorhanden waren und schloss mit Theophilos ein Abkommen. Ab sofort sollte jedes Bild, das Theophilos malte, ihm gehören. Ein genauer Preis wurde festgeschrieben und der bis dato mittellose und bettelarme Theophilos ließ sich häuslich nieder und malte wie im Rausch ein Bild nach dem anderen. Fast genau fünf Jahre später kam Stratis wieder auf die Insel und exakt 118 Gemälde warteten auf ihn. Ein Tag zuvor war Theophilos gestorben und Stratis Freude an so viel Kunst wurde durch den Tod des Künstlers getrübt. Zwei Jahre später wurde ein Flügel im Louvre der nur Bilder von Theofilos beherbergte, eingeweiht. Zu Lebzeiten ein armer Schlucker, nach seinem Tode ein gefeierter Künstler.

Die Falsche Lehre des Glaubens

„In einer tiefen Schlucht bei Mitilini lebte und hauste der gefürchtetste Drache der Weltgeschichte. Er verschlang alles, was sich in die Schlucht verirrte. Mensch oder Tier, für ihn war alles Essbare willkommen. Eines Tages", Pater Apostolis Miene war sehr ernst, als er uns diese Geschichte erzählte, „kam ein junger Mann vergnügt des Weges. Der Drache lauerte ihm auf und schnappte ihn ohne jegliche Vorwarnung. Als er den Unglücklichen bis zu den Achseln verschlungen hatte, breitete dieser seine Hände aus und verkeilte sich im Schlund des Drachens, tobte und schrie um Hilfe. Ein Priester, der das Ganze aus der Ferne beobachtete und sich überlegte, wie er schnell aus dem Dunstkreis des Drachens entschwinden konnte, rief dem jungen Mann zu : „Wo bleibt Dein Glaube mein Sohn, falte Deine Hände zum Gebet und Gott wird Dir beistehen." Der Unglückliche folgte diesem Rat, und alsbald schluckte ihn der Drache mühelos hinunter. Hütet Euch vor falschen Priestern, meine Freunde. Der Name Gottes wird sehr oft missbraucht."

Pater Apostolis und die Musik

Wenn Griechen feiern, ist auch die Musik nicht weit weg. Musik ist Griechenland und Griechenland ist Musik. Lasst uns nicht vergessen, dass das Wort „Musik" von den Musen abgeleitet wird. Die Begriffe Rhythmus, Melodie, Hymne, Psalm, Lyrik sind griechischen Ursprungs, und welchem Griechen gehen die Namen Tsitsanis, Papaioannou, Vamvakaris, Zambetas, Mitsakis, Kaldaras und noch viele mehr über die Lippen, ohne dass er Gänsehaut verspürt. Einige der wunderbaren griechischen Lieder spielte uns Pater Nikodemus vor, und da uns Bruchteile von Textpassagen mit der Muttermilch eingeflößt waren, sangen wir, so gut es ging, mit. Meine Frau, die im Gegensatz zu mir Noten lesen und eine Melodie erkennbar wieder geben kann, bemühte sich, meine Schwächen mit ihrer so herzlichen Art zu übersingen bzw. auch in einer ähnlichen Tonlage zu singen, so dass meine Ausrutscher nicht so schlimm erschienen, wie sie tatsächlich waren. Ehre jedoch, wem Ehre gebührt, und ich möchte einige dieser so bedeutenden Textzeilen wiedergeben. Ich erlaube mir, zunächst Texte von Liedern aufzuschreiben, die anonymen Ursprungs sind. Es liegt mir fern, berühmten und sehr guten Textdichtern Unrecht zu tun, einem Pythagoras, einem Lefteris Papadopoulos, einem Tsitsanis, einem Koujoumtzis und wie sie alle heißen. Aber die allerersten Lieder, die in Freiheit gesungen wurden, sind die, die aus dem gemeinen Volk stammen. Jemand sang sie auf irgendeinem Fest, der nächste übernahm sie und sang sie bei einer Hochzeit, der dritte bei einer Taufe. So sind diese Lieder unsterblich geworden, und ob jammernde Klageweiber oder moderne Rock-Interpreten, alle kennen und lieben diese ursprünglichen griechischen Volkslieder.

Saranta Palikaria
Vierzig junge Männer aus Liwadia marschieren Richtung Tripolis, um die Stadt zu befreien. Auf dem Weg dorhin begegnen sie einem alten Mann. Sie sprechen ihn an und wünschen ihm eine gute Zeit, und er heißt die jungen Männer Willkommen. „Wohin führt Euer Weg?" fragt der Mann und die Burschen sagen, „Wir wollen Tripolis befreien, komm doch mit." Voller Stolz erwidert der Mann, „ich kann leider nicht mitkommen, bin alt und müde und mein Gewehr ist längst verstaubt, aber mein Sohn kann mit Euch kommen, er läuft schnell wie ein Hase, ist flink wie eine Taube und kennt sich in Tripolis gut aus."

„Diese Lieder sind älter als meine Großmutter", meinte Pater Apostolis und schaute uns überrascht an, weil wir große Teile des Textes kannten. Alle waren sich schnell einig, dass ein Lied nicht allein gelassen werden konnte, und wir sangen das fast genauso alte Lied von Nikos Routsos, das Sotiria Belou erstmals interpretierte:

I mana mu me derni
Meine Mutter schlägt mich, mein Geliebter, ich leide sehr, sie schlägt mich so, dass ich fast glaube, sie möchte mich umbringen. Wenn ich abends nach Hause komme, lass mich Dir berichten, dass mich meine Mutter schlägt, weil ich Dich liebe.
Liebe Mutter, schlag mich nicht, ich bin so voller Liebe. Versuche nicht, an meinen Verstand zu appelieren, ich habe keinen mehr. Eine Stunde in seinen Armen lassen all die Schläge vergessen. Und Dir wird es nicht gelingen, meinen Schwur rückgängig zu machen. Das ist der Mann, den ich liebe. Bring mich um, wenn Du es für nötig findest, er jedoch erweckt mich mit süßen Küssen.

Pater Nikodemus, der fleissig mitgesungen hatte, hob die Hand. Wollte er dirigieren oder Einhalt gebieten? „Freunde", sagte er, „das ist ein guter Anfang,

aber bevor wir weiter machen, müssen wir noch eine Kleinigkeit essen."
Er servierte einen Teller mit Dolmadakia, die, obwohl wir schon satt waren, immer noch einen Platz in uns fanden. Meine Frau, die selber sehr gern griechisch kocht, zeigte sich begeistert. Zufall hin oder her, wie in einer billigen Vorabendserie klopfte es an der Tür und Themis, der Wirt, kam herein, völlig zerzaust. Wie ein verrückter Professor kam er durch die kleine Eingangstür, brachte eine Platte, die mit einer Alufolie abgedeckt war, und hielt in der anderen Hand ein kleines komisches Instrument. Es war eine Art Bouzouki, die sicherlich in die Waschmaschine mit der Kochwäsche gekommen und so eingeschrumpft war. Er erklärte uns, dass es ein Baglama wäre.
"Du kommst gerade recht", sagte Pater Nikodemus, „hier unsere deutsche Schwester- ach was, sie ist mehr Griechin als wir alle zusammen, -hier unsere Maria schwärmte gerade von Deinen Dolmadakia."
Themis, gerade mal Einmeterfünfundsechzig groß und mindestens genau so breit, grinste, so dass man jede seiner reichlich vorhandenen Zahnlücken bewundern konnte. Und kaum hatte man sich versehen dozierte er: „Also das Geheimnis ist ganz einfach. Man erhitzt eine halbe Tasse Olivenöl, fügt eine Tasse Reis zu und lässt diesen fünf Minuten glasig werden. Danach Zwiebeln, etwas Minze und einige Pinienkerne beimischen und mit Salz und Pfeffer verfeinern. Noch etwa fünf Minuten köcheln lassen und dann vom Herd nehmen und erkalten lassen. Einige möglichst frische Rebenblätter drei bis vier Minuten blanchieren. Die Rebenblätter mit der glänzenden Seite nach unten ausbreiten und auf jedes Blatt einen gehäuften Teelöffel der vorbereiteten Masse legen.
Jetzt kommt der große Trick. Das Blatt zusammenfalten und bedenken, dass der Reis noch aufquillt, also nicht fest drücken. Alle gefüllten Blätter dann in eine niedrige Pfanne geben und mit Zitronensaft und Olivenöl begießen, etwas Fleischbrühe dazu geben.

Einen Teller flach darauf legen, damit sich die Weinblätter nicht öffnen, und eine Stunde kochen lassen. Und nicht vergessen, den Segen der Kirche aussprechen."
Während er sprach, hatten wir bereits den ganzen Teller Weinblätter verspeist.
Dann zupfte er auf seiner Baglama und meinte als Anspielung auf die Süßspeisen, die Pater Apostolis gerne aß: „Ich spiele gerne Baglama und Pater Apostolis isst gern Baklava." Er lachte so herzerfrischend, dass alle mitlachen mussten. Ich lachte auch, obwohl ich den Witz erst nach einigen Sekunden verstand.
Als er daraufhin begann, sein Lieblingsrezept für Baklava aufzusagen, meinte Pater Nikodemus, dass er uns doch lieber etwas vorspielen sollte.
Und kaum waren einige Akkorde zu hören, stimmten alle in die Nationalhymne des Zembeikikon ein:

To Agalma
Gestern, kurz nach Mitternacht, ging ich
über den kleinen Park spazieren
den Weg, wo ich Dich kennen gelernt habe.
Eine Statue, die dort schon lange steht, hat sich an mich erinnert und wollte erfahren, warum ich so traurig wäre.
Und so habe ich der Statue
über Dich und mich berichtet.
Ihre Augen füllten sich mit Tränen und sie hat bitterlich geweint.
Ich erzählte ihr, was Du mir angetan hast
Und von den vielen, unentschuldbaren großen Fehlern. Und danach, mein Gott, brach ich in Tränen aus, als mich der Morgen entdeckte.
Mit der Statue gemeinsam sind wir den Weg gegangen
Wir trennten uns, kurz nachdem
sie mir die Tränen abgewischt hatte.

Apostolis' feuchte Augen glänzten und alle waren wir durch den Rhythmus der Baglama und der angenehmen Stimme von Themis, der, nur unterbrochen von einem kleinen Zwischenspiel, weiter sang.

"Bevor wir Sawopoulos' Zembeikiko singen", sagte Pater Nikodemus, „möchte ich Euch von Vangelio berichten."

Vangelio

Vangelio lebte im geschichtsträchtigen niedersächsischen Oldenburg. 1603 erwachte diese Grafschaft zu neuer Blüte, der damalige Graf hielt sein Land aus dem Dreißigjährigen Krieg heraus. Damals schon zeigte sich, dass der Krieg nur die Waffe der Lobbyisten ist.
Verschont von den Wirren des Dreißigjährigen Krieges entwickelte sich in Oldenburg, gefördert durch die Hof- und Residenzhaltung des Grafen, ein bescheidener Wohlstand. Anstelle der alten Wasserburg, die über Jahrzehnte hinweg das Stadtbild prägte und die schon längst einer Ruine glich, ließ Graf Anton Günther ab 1607 ein schmuckes Renaissance-Schloss errichten. Die Stadt vergrößerte sich zwar nicht in der Fläche, doch die Bebauung verdichtete sich, und die Zahl der Einwohner betrug Mitte des 17. Jahrhunderts bereits 4.000.
Diese Blütezeit Oldenburgs wurde jäh unterbrochen, als der Gönner im Jahre 1667 ohne legitimen Nachfolger starb. Die alten dynastischen Verflechtungen brachten Oldenburg unter dänische Herrschaft. Die ehemals so blühende kleine Residenzstadt stieg unter dänischer Stadthalterschaft zum Provinzflecken ab. Katastrophen taten ein Übriges. 1667 wütete die Pest in Oldenburg. Beinahe jeder zehnte

Oldenburger fiel ihr zum Opfer. Kaum erholt von dieser Heimsuchung, zerstörte ein durch Blitzschlag verursachter Brand die Stadt fast völlig.
Vangelios Geschichte ähnelt der Stadtgeschichte von Oldenburg mit ihren vielen Tiefs und Hochs.
Als Vangelio Anfang der sechziger Jahre in einem kleinen Ort nahe Komotini geboren wurde, war sie die dritte Tochter des Dorflehres Miltiadis Tsikos und dessen Ehefrau Fotini. Miltiadis war der Patriarch der Familie, und das gesamte Familienleben richtete sich nach den Launen des Hausherrn. Es gab Tage, Vangelio erinnert sich heute noch gerne daran, da lebte sie mit ihren Schwestern ein unbeschwertes Kinderleben.
Komotini, das auch einen türkischen und außerdem einen bulgarischen Namen trägt, ist die Hauptstadt der griechischen Region Ostmakedonien und Thrakien. Es ist Sitz eines orthodoxen Bischofs und liegt am südlichen Rand des Rhodopen Gebirges. Ein markantes Markenzeichen von Komotini ist die mittelalterliche Festung Mosinopol. Kurz nach dem Ende des Ersten Weltkrieges wurde Komotini griechisch. Wie in jedem Krieg geht das Grauen nach Kriegsschluss weiter und kurz darauf wurde die Minderheit der bulgarischen Bevölkerung vertrieben. Ungefähr die Hälfte der Einwohner Komotinis waren ethnische Türken und Pomaken mit griechischer Staatsangehörigkeit. Im Gegensatz zur Zahl der Griechen in der Türkei, die systematisch mit Grausamkeit vertrieben wurden, ist die Zahl der Türken seit 1923 konstant geblieben bzw. sogar gewachsen.
Das Stadtbild von Komotini ist von Studenten geprägt, da die hiesige Universität ein beliebter Studienstandort geworden war. Studenten bedeutet auch Erneuerung. Hier hatte auch Vangelio zwei Semester Völkerkunde studiert, bis sie über Nacht den Lehrgang beenden musste.
Die Pomaken, denen Vangelios Eltern angehörten, haben eine vorwiegend muslimische Herkunft. Sie leben verstreut hauptsächlich

in Bulgarien, Serbien, Mazedonien, Griechenland und in der Türkei. Die meisten Pomaken beherrschen bulgarische Dialekte, die kaum von der Sprache der christlichen Bewohner abweichen. Ein Gaststudent aus Tokio hatte seine Doktorarbeit so verfasst, dass man leicht überzeugt werden konnte, dass eigentlich die Japaner der Ursprung aller Menschen waren und folgerichtig alle Pomaken japanische Wurzel haben. Dass die Pomaken in Griechenland verhältnismäßig viel von ihrer eigenen Identität und Kultur bewahren konnten, liegt wohl auch an der Isolation der schwer zugänglichen Berggebiete, die sie meist bewohnten. Die Isolation wurde dadurch begünstigt, dass die Dörfer der Pomaken in einem Gebiet lagen, das zu Zeiten des Kalten Kriegs auf Grund der Nähe zu Bulgarien zum militärischen Sperrgebiet wurde und bis 1995 nur mit Ausnahmegenehmigungen bereist oder verlassen werden durften. Seit der Aufhebung der Beschränkungen ist eine starke Abwanderung vor allem der jüngeren Generation in die Städte und damit einhergehend eine immer weiter abnehmende Kulturpflege festzustellen.

Die Tage eines unbeschwerten Lebens wurden immer seltener, nachdem Vangelio ihr zehntes Lebensjahr erreicht hatte. In dieser Nacht besuchte ihr Vater sie zum ersten Mal als Mann. Die Schwestern verließen wissend das gemeinsame Schlafzimmer. Vangelio lebte im Glauben, dass das, was mit ihr geschah, auch rechtens war. Sie hatte schließlich mehrmals passiv miterlebt, wie ihr Vater in die Betten der älteren Schwestern stieg. Sie verstand erst viele Jahre später, welches kranke Gehirn ihren Vater zu diesen Vergewaltigungen trieb. Ihre Mutter duldete es mit einem demütigenden Stillschweigen und fand Trost in ihren Gebeten und darin, jeden Abend alle Zimmer des Hauses mit Weihrauch zu räuchern. Der Begriff "wie ein wilder Stier" war für einen der bemerkenswertesten Filme des Jahrhunderts vorgesehen, aber Miltiadis, Vangelios Vater hatte diesen wilden, schwachsinnigen Blick und seine Töchter wurden zu Geliebten, zu Nutztieren.

Vermeintliche Erlösung fand Vangelio mit achtzehn, als sie Christos, den Sohn des Kantilanaftis, kennenlernte. Christos hatte vier Jahre in der Schreinerei des alten Fotis gearbeitet, und als dieser durch einen Unfall seine rechte Hand verlor, übernahm Christos die Werkstatt. So kam er eines Abends in das Haus des Dorflehrers und hielt um die Hand irgendeiner Tochter an. Miltiadis, der ehrenwerte Lehrer, gab Christos Eleni, die älteste Tochter, die jedoch zwei Wochen später bei einer Abtreibung - Miltiadis hatte sie geschwängert- starb. Vangelios zweite Schwester Nopi war jedoch Miltiadis' Augapfel und so wurde Vangelio für die Heirat mit Christos bestimmt.

Am Tag der Hochzeit, die Anfang August stattfand, zog sie in Christos' Haus ein. Er lebte dort mit seiner Mutter, die ebenfalls Vangelio hieß. Sie machte ihrer Schwiegertochter am ersten Tag gleich klar, wie die Hierarchie im Haus auszusehen hat. Von ihrem Vater jahrelang vergewaltigt, von ihrem Mann gleich nach zwei Tagen Ehe zum ersten Mal verprügelt und von ihrer Schwiegermutter ständig gedemütigt lebte Vangelio in den nächsten drei Jahren ein Leben voller Angst und Trauer. Auf den Tag genau neun Monate nach ihrer Hochzeit gebahr sie Anna. Am selben Tag erhielt sie von Christos ihre erste Ohrfeige als Mutter, da sie gewagt hatte, eine Tochter und nicht einen Sohn zu gebähren.
Ihr einziger Trost, ihre einzige Flucht aus dem täglichen Einerlei suchte und fand sie in der Kunst. Sie lieh sich Bücher über Kunstwerke aus. Ob Picasso oder Monet, ob Bücher über die Musik von Wagner oder Verdi, alles war ihr willkommen, um dem Alltag zu entfliehen, ein Alltag im häuslichen Straflager. Sie floh in eine Traumwelt, in der ein Prinz aus dem Märchen sie holte und in eine Zauberwelt entführte.

Sie wollte Christos entfliehen, ihn in der Vergangenheit zurück lassen, ein neues Leben beginnen. Ihr Leben war ein Desaster. Ihr Mann war ein Macho und Dummschwätzer, ihre Schwiegermutter herrisch und stets gewillt, ihr Klötze vor die Beine zu werfen. Kochte sie eine Vorspeise, hieß es, sie würde das Geld für so einen Luxus aus dem Fenster werfen, bereitete sie keine vor, war sie die faule Frau, die sich hinter ihren Büchern versteckte. Sie wagte nicht zu widersprechen. Der Lieblingssatz ihrer Schwiegermutter lautete: „Was willst Du mit Deinem naiven Geschwätz ausdrücken."

Und Vangelio träumte, dass sie in einer stürmischen Novembernacht ihr Bündel packen und aus diesem Gefängnis entfliehen würde, ohne Reisetasche oder Vorbereitung, die sie im Vorfeld verraten würde. Sie würde das Licht anlassen, weil Christos es immer so handhabe, um eine Beleuchtung zu haben, wenn er nachts besoffen nach Hause kam. Sie würde wie eine Dame aus der Vordertür gehen, ohne Lärm und ohne Spuren zu hinterlassen, und die Gewissheit ihres Weggangs würde sich in die Köpfe ihrer Schwiegermutter und ihres Mannes hineinbohren. In ihren Tagträumen lief sie, nein tanzte sie auf einer von der Sonne überfluteten Mauer. Eine strahlende Bühne voller Licht und Phantasieblumen umrahmte sie und sie sah, wie sie sich mühsam erhob, und irgendwo war eine Stimme zu vernehmen. Sie sah jedoch nur das Licht, das ihr den Weg zur Freiheit zeigte und irgendwo hinter diesem Leuchten verbarg sich ein Schatten. Als sie ihre Augen öffnete und diese sich an die Dunkelheit gewöhnt hatten, schwamm sie in einem Meer von Leere, und die barsche Stimme Ihres Mannes vertrieb jeglichen Keim einer Hoffnung." Wo bleibt mein Kaffee?"

Vangelios Glück kam an einem 26. Januar, als Giannis, ein Cousin Christos, aus der Stadt zu Besuch kam. Giannis wollte sich von Tante und Cousin verabschieden, da er nach Kanada auswandern wollte.

Die Entscheidung, zusammen mit Giannis und ihrer kleinen Anna ihren Mann, ihr Zuhause hinter sich zu lassen, kam wie der berühmte Blitz, der in einem Sommergewitter den Horizont erhellt. In derselben Nacht schlich sie, die Kleine in eine Wolldecke eingewickelt, aus dem Haus. Sechs Wochen später zogen Vangelio, Anna und Giannis in ein kleines Holzhaus nahe Vancouver ein.
Vangelio fühlte sich müde und ein Gefühl der Ohnmacht erfasste sie. In ihrem Gesicht hatten sich die Leiden der letzten Monate eingegraben. Sie musste sich entscheiden. Entweder ein Krüppel mit Chance auf Genesung oder ein Leben lang Krüppel der Ohnmacht zu bleiben. Das Schicksal öffnet täglich seine Pforten und es liegt an einem selbst, dies zu erkennen.
Und immer wieder wurde sie von Tagträumen übermannt. Ein Anfang war getan, ein Ende noch lange nicht in Sicht. Bunte Neonlichter waren überall in dieser neuen Welt, eine Konstruktion, die sie nur aus dem Kino kannte. Ob alles fiktiv oder Realität war, vermochte sie nicht zu beurteilen. Irgendwo klingelte ein Telefon. Sie suchte im Zimmer umher, bis das Klingeln ein Ende fand. Ihr Gesicht spiegelte sich auf der Fensterscheibe. Sie musste versuchen, einen Halt zu finden. In ihrem Spiegelbild zeigten sich Fragmente der Umgebung. Sie wird sich gleich schlafen legen, und diese Nacht wird eine andere Nacht sein, eine Nacht wie tausende davor und trotzdem würden die endlosen Schatten, die sie bislang verfolgten, ihr hier in der neuen Welt nicht mehr folgen. Sie hoffte es so sehr, bis die Müdigkeit ihren Tribut einforderte.
In ihren Träumen kamen Züge an und Züge gingen, kamen Schiffe an und Schiffe gingen. Sie sah sich auf der Reling oder im Abteil, mal sah sie sich mit aufgeschnittenen Pulsadern, mal als tanzende Ballerina in einer Taverne, die sonst nur Zembeikikoklänge kennt. Das Blut wich aus ihren Adern und die Kraft verließ den Körper. Und auf einmal die Stimme

eines Kindes, es musste ein Kind sein, weil es „Mama" rief, immer wieder „Mama", mal schrill und dann auch so herzzerreißend, „Mama".
Sie schreckte auf und öffnete das Fenster. Anna schlief in ihrem Kasten am Fuße des Ehebetts. Es schien, wie wenn der Nebel ins Zimmer eindringen wollte. Ein ätzender Geruch kratzte in ihrer Nase. Die Nacht schien noch unschlüssig zu sein, ob sie der Morgenröte nachgeben sollte,
Sie wünschte sich so sehnlichst zurück in das Land, dessen Sprache sie beherrschte, dessen Luft nicht so im Rachen brannte und wo die Herzen durchsichtig waren. Ein Zweig schlug gegen das Fensterportal und dieses Geräusch, gemischt mit den Klängen des Winds, war wie eine Melancholie von Klageweibern der Antike.

Optimismus war stets ein Fremdwort für sie gewesen. Jetzt war ihr Optimismus der einzige Schlüssel zu einer anderen Möglichkeit. Es war ein brennendes Leuchten, das ihr die Entschlossenheit gab, an die Zukunft zu denken. Langsam kam die Gewissheit auf, dass es ein Zurück nicht mehr gab. Diese Erkenntnis bohrte sich einerseits als brennender Schmerz in ihre Seele, anderseits ermöglichte sie ihr die Gedanken an Freiheit und Glück.
„Ich werde mich um Euch kümmern", sagte Giannis und sie schmiegte sich an ihn. Ihr Gesicht, so kindlich und doch so erwachsen, war tränenüberströmt und in ihren Augen leuchtete das Vertrauen.

Fünfzehn Jahre später..........

Vangelio saß am Küchentisch und hielt ihre Kaffeetasse mit beiden Händen fest. Der Kaffee war heiß und schwarz, so wie sie ihn immer trank, sehr zum Widerwillen von Giannis, der seinen Kaffee immer abkühlen ließ und seine Tasse mindestens bis zur Hälfte mit Milch auffüllte. Er war stets liebevoll und achtete sehr auf sie, aber den enormen Kaffeege-

nuss und das Kettenrauchen seiner Frau konnte er niemals akzeptieren.
Giannis war ein fleißiger Mann. Neben seiner Arbeit im Sägewerk jobbte er am Abend und an den Wochenenden in einem griechischen Restaurant in der Küche. Vangelio war die Hausfrau, die er sich schon immer wünschte. Beide waren nicht mehr so jung. Die Elektrizität ihrer Körper hatte nachgelassen. Die Maschinerie des Alltags lief so gewöhnlich, dass es für Giannis ein Segen war. Der Entschluss, Griechenland zu verlassen und nach Kanada auszuwandern, war das Abenteuer seines Lebens, und die Abenteuerlust war somit für ihn schon gestillt. Er wollte arbeiten, Geld verdienen, an den heimischen Herd zurückkehren, wo seine Frau und seine Tochter auf ihn warteten. Stolz verkündete er sein Motto: „Schon an der Suppe erkennt man die Hausfrau." Oder: "Der Kessel ist gut auf dem Feuer, auch wenn er nur Wasser kocht, die Hausfrau ist gut im Haus, auch wenn sie untätig dasitzt."
Vangelio dagegen konnte sich mit dem Gegebenen nicht abfinden. Unruhig begann sie den Tag und unruhig ging sie ins Bett, stets nach Giannis, um nicht in die Verlegenheit zu kommen, ihn wieder abwehren zu müssen wie stets in den letzten fünf Jahren, seitdem ihr bewusst geworden war, dass ihr Leben die Einsamkeit bedeutete. Sie hatte ihre Tochter, die inzwischen zu einem Teenager herangewachsen war und sie nicht mehr so benötigte wie früher, sie hatte mit Giannis einen Mann, der sie vergötterte, aber sie hatte keine Seele mehr.

Die Sinnlichkeit, die sie in den Büchern fand und in all ihren Träumen ersehnt hatte, blieb ihr versagt. Anstand und die Entschlossenheit, stets das Richtige zu tun, war die brennende Wahrheit. Eine leidenschaftslose Leidenschaft im Bewusstsein der Ohnmacht.
Wenn Giannis und Anna das Haus verlassen hatten, begab sie sich in ihrer Traumwelt in einen Ballsaal.

Sie trug ein seidenes Kleid und unzählige galante Herren machten ihr den Hof. Sichtbar bemüht, Korrektheit auszustrahlen und die nicht anwesende Eleganz der Stille zu zelebrieren, verfiel sie stets in Melancholie, wenn dieser Minutentraum durch das Pfeifen des Wasserkessels abrupt beendet wurde.

Dann nahm sie den Plattenspieler aus dem Schrank. In der Enge des Holzhauses gaben ihr allein die Schallplatten, die Giannis aus Griechenland kommen ließ, ein Gefühl von der Freiheit des Geistes zurück. Die Linien, die ihr Gesicht in den Fensterscheiben nachzeichneten, waren feine Linien einer Frau Ende vierzig, die fast zwei Jahrzehnte älter aussah. Wenn jedoch die Musik erklang und die grauen Regenwolken aus ihrem Gesicht durch die Sonnenstrahlen der Noten verdrängt wurden, kam aus dem Vergessenen das wahre Gesicht Vangelios langsam zum Vorschein, wie eine wunderschöne Landschaft, die nach einem Tunnel sichtbar wird, das feuchte Flimmern in ihren Augen, vermischt mit dem kleinkindlichen Zärtlichkeitsbedürfnis, nach dem sie so hungerte...............

Pater Nikodemus erhob sein Glas und sah zu einem Bild, das an der linken Wand neben einer Christusikone hing. „Lass uns an Vangelio denken".

Zembeikiko
Text und Musik von Dionysis Savvopoulos

Flugzeuge, Schiffe und alte Freunde.
Wir gehen im Dunkeln umher,
doch Du hörst uns nicht.
Du hörst uns nicht, wie wir mit elektrischen Stimmen
singen, Stimmen in den unterirdischen Gängen
unseren Blutbahnen begegnen.

Mein Vater kam aus Smirni 1921, dort lebte er fünfzig Jahre versteckt und alle die diese Welt lieben, essen dreckiges Brot, sagte er und
das Verlangen ist wie der Untergang.

Gestern Abend sah ich einen Freund wie einen Fremden umherfahren. Auf einem Motorrad, und hinter ihm rannten Hunde.
Steh auf meine Seele, gib mir Energie, verbrenne die Hülle, verbrenne die Instrumente.
Schwarze Geister sprengen unsere Stimmen
Fliegende Jungfrau, Glöckner der Abendpredigt
Die Stimme Gottes drehte sich in unserem Kopf
Doch wir werden nicht erhört.
Wir preisen Dich in den unterirdischen Gängen
mit Schwüren und Rückbesinnungen
Bis wir Deinen Grundsätzen begegnen.
Unzugängliche Mutter, Gestalt aus Sand und Himmel, ich werde verschwinden aus Deinem Blick in dieser Welt, wie der Flüchtling im Kerker.
Sie lieben, essen dreckiges Brot, die Gläubiger deiner Worte und ihr Verlangen folgt dem Unterirdischen Ruf.
Gottesfürchtige Frau, die Du im Himmel über elektrische Sonnen und Monde regierst, halte mich fest. Wiir gehen und hinter uns rennen Hunde.
Gib mir ein Bajonett, das die goldenen Wunden erstickt. Ein schwarzer Geist sprengt unsere Stimme.

Im Laufe des Abends wechselte der Part des Geschichtenerzählers. Nach Pater Nikodemus und Pater Apostolis übernahmen es meine Frau und ich, kleinere Geschichten zu erzählen, wobei wir das essen und trinken niemals vergaßen..........

Feen auf Paros

Feen waren seit Anbeginn der Zeit Schicksalsgöttinnen. Sie erscheinen, so sagt die Legende, zu dritt, zu siebt oder zu zwölft und haben die Gabe, sich unsichtbar zu machen. Sie erscheinen bei Neugeborenen, deren Schicksal sie bestimmen. Ihre enge Verwobenheit mit dem Schicksal ist dadurch erklärlich, dass Fee auch Wahrsagerin bedeutet. Der Feenstaub, der den Feen die Gabe der Unsichtbarkeit gibt, ist in ihrem Seidenschal eingewebt und somit haben wir auch die Achillesferse der Feen erfahren. Dieser Feenstaub ist auch verantwortlich dafür, dass Feen als heiter, besonders schön und niemals alternd in die Geschichten eingehen. Der Ursprung der Feen ist wie alles in Griechenland zu finden. Auf der Insel Paros lebten die ersten Feen in Felsengrotten, und ihre Tanzrituale pflegten sie am weißen Kieselstrand auszuführen.
Christos war ein sehr schöner Jüngling, der in Lefkes, einem kleinen Ort nahe diesen Felsgrotten, wohnte. Paros, die Insel im Zentrum der Kykladen, ist ein Augenschmaus zwischen sehr vielen unbewohnten Felseninseln der Region. Um Christos schlawenzelten viele junge Mädchen herum, die sich um seine Gunst bewarben, er jedoch bedachte keine Einzige mit einem zweiten Blick, da er sich unsterblich in eine der Feen verliebt hatte.
Die Feen mochten ihn auch sehr, aber als Spielkameraden und nicht als Mann. Sie schwebten an ihm vorbei, flüsterten wundersame Worte in sein Ohr und neckten ihn den ganzen Tag. Als er ab und zu den Versuch machte, mit seiner Hand nach einer Fee zu greifen, gelang es ihm nie, sie auch nur zu berühren. Christos ging daraufhin zur alten Vassiliki, die schon weit in den Neunzigern war. Jeder auf der Insel wusste, dass sie auf alles eine Antwort hatte. „Ich bin unsterblich in eine Fee verliebt", sagte er der alten Zauberin, „wie kann ich es schaffen, so eine Frau für

mich zu gewinnen?" „Niemand wird im Leben jemals eine Fee gewinnen können", sagte sie ihm. „Ich gebe Dir jedoch einen Rat: Sobald die Feen herankommen, Dich zu necken, und Worte an Dich richten, so sieh zu, dass Du einer von ihnen ihr Tuch wegnehmen kannst. Und ist es Dein Wunsch, dass sie für immer bei Dir bleibe und Dir nie wieder entfliehe, so musst Du das Tuch verbrennen.
Aber bedenke, dass sie spätestens nach sieben Jahren aus Kummer hierüber sterben wird". Christos interessierten diese sieben Jahre nicht. Als nun die Feen wieder einmal herankamen und Worte an ihn richteten, stürzte er rasch auf eine von ihnen zu. Da entfiel dieser in dem Augenblicke, indem sie sich in die Luft schwingen wollte, ihr Tuch, er ergriff es und steckte es in seinen Hemdsärmel.
Die Fee bat ihn, ihr das Tuch wiederzugeben, und sprach zu ihm: „Gib mir, Christos, das Tuch, gib's mir, und ich tue alles, was Du willst." Er ging darauf nicht ein und sagte ihr, dass er sie zur Frau nehmen wolle. Die übrigen Feen waren in die Luft geflogen und entflohen. Sie aber vermochte nicht mehr zu fliegen und blieb bei ihm.
Er brachte sie in sein Haus, sie heirateten und zeugten im Laufe der nächsten Jahre drei Kinder. Aber sie war immer betrübt und kummervoll, und nichts konnte sie bewegen, ihre Betrübtheit loszuwerden. Christos, der den Kummer seiner Frau sah, bedauerte dasselbe. Eines Tags, es war ein Feiertag im Mai, zogen alle ins Dorf zum Tanz. Er wollte sie dahin ausführen, um ihr eine kleine Freude zu bereiten.
Die Fee beschwor ihren Mann, ihr das Tuch, das er ihr seinerzeit entrissen hatte, wieder zu geben.
Er fürchtete, dass sie, wenn sie wieder das Tuch mit dem Feenstaub hatte, ihm abhandenkommen könnte. Aber sie flehte ihn so herzzerreißend an, dass er Mitleid bekam.
„Ich geb's Dir, auf dass Du zum Tanze gehest, aber Du musst mir versprechen, dass du nach Hause zurückkehren und nicht entfliehen willst, sonst be-

kommst Du's nicht." Sie versprach ihm das und fügte hinzu: „Nunmehr werd' ich Dich doch nicht verlassen, nach so vielen Jahren, und da ich Kinder von Dir habe!" Und so erhielt sie denn ihr Tuch, dass er entgegen dem Rat der alten Vassiliki nicht verbrannt, sondern versteckt hatte. Und kaum hatte die Fee das Tuch an, kamen der alte Zauber und ihre Schönheit zurück, die in den letzten Jahren so gelitten hatten. Ihre Schönheit übertraf die aller anderen Frauen, die anwesend waren. So begann sie ihren Tanz, zunächst sehr langsam und dann immer schneller, und mit ihrer hohen Sirenenstimme stimmte sie ein Lied an, und dieses Lied zerschmetterte Steine, brach Herzen.

Ihr Tuch schwebte um ihren Hals und sie sprang in die Luft und verschwand, um ihre Gefährtinnen zu suchen. Christos ging daraufhin traurig und ohne Frau nach Hause und sah, dass auch seine Kinder nicht mehr da waren.

Als er die alte Vassiliki besuchte, um Rat zu holen, senkte sie ihr Haupt und zeigte sich zum ersten Mal im Lichtschein, und er erkannte den Feenschal, den sie um ihren Hals trug.

Christos wusste, dass bald das siebte Jahr anbrechen würde, und dass seine geliebte Frau verstorben wäre, wie es ihm die alte Zauberin prophezeit hatte. Somit war er sich bewusst, er würde sie verlieren, sie würde jedoch weiter leben

„Alles im Leben ist ein Schein," sagte Pater Nikodemus, als er die Geschichte beendete. „Das Einzige, was Bestand hat, ist der Glaube an Gott." Er schaute auf Pater Apostolis und fuhr fort: „ Apostolis, Du hast mir doch vor kurzem die Parabel vom Rätsel erzählt, bitte erzähle sie noch einmal, damit unsere Freunde diese Geschichte auch vernehmen können".

Das Rätsel

Eine sehr schöne Königin, die in Ikaria zuhause war, machte sich einen Spaß daraus, mit ihrer Schönheit zu prahlen, und da alle Männer keine Chance hatten, sich gegen diese glanzvolle Pracht zu wehren, fielen sie zu Hunderten auf sie herein. Sie liebte es, Männer leiden zu sehen, und sehr bald wusste jeder junge Mann davon, dass eine wunderschöne Königin auf einem Felsen sitzt und allen, die dort vorüberkamen, drei Rätsel aufgibt. Sie verkündete, dass sie bereit wäre, denjenigen, der diese Rätsel zu lösen vermochte, zum Manne zu nehmen und ihm ein Preisgeld von fünfundzwanzig Millionen Euro zu geben. Wer die Rätsel jedoch nicht erraten könne, den werde sie dem Drachen zum Fraß vorwerfen. Da dieser Drache ernährt werden musste und seine Nahrung hauptsächlich aus Menschenfleisch bestand, war sie stets interessiert, die Rätsel schwirig zu gestalten, um somit mit den Menschenopfern den Drachen zufrieden zu stellen. Viele zogen dort vorbei, aber keiner vermochte die Rätsel zu lösen. Da hörte ein junger Prinz von dieser Königin, und weil dieselbe, wie es hiess, von großer Schönheit war, so beschloss er, an dem Felsen, auf welchem sie saß, vorüberzugehen, und er hoffte, ihre Hand gewinnen zu können. Sein Vater versuchte ihn zurückzuhalten, allein der Sohn hörte nicht auf ihn und machte sich zu jener Königin auf den Weg. Als diese den Ankömmling erblickte, sprach sie zu ihm: „Ach, Du Armer! Du bist ein so schöner Jüngling und willst Dich ins Verderben stürzen? Kehre zurück zu Deinem Vater! Schon so viele sind hier vorbeigekommen, aber keiner ist im Stande gewesen die Rätsel zu lösen. Wirst Du sie erraten?" Da entgegnete der Jüngling: „'Lass Dich das nicht kümmern! Ich hoffe, sie zu erraten."
Die Königin gab ihm sodann das erste Rätsel auf. Dieses lautete: „Welches ist das Ding, das verzehrt, was es erzeugt? Es erzeugt seine Kinder und ver-

zehrt sie wieder." Da antwortete jener: „Frau Königin, das ist ja sehr leicht zu erraten. Das ist das Meer: dieses verzehrt seine eigenen Kinder, denn aus dem Meere entstehen die Flüsse und ins Meer fallen sie zurück." Da sprach die Königin: „So ist's. Nun will ich Dir das zweite Rätsel aufgeben. Dieses lautet: Welches ist das Ding, das weiß und schwarz aussieht und nicht altert?" Der Jüngling dachte kurz nach und meinte: „Das ist nicht schwer, das ist die Zeit. Diese sieht weiß und schwarz aus, denn sie ist nichts anderes als Tag und Nacht. Diese altert auch nie, denn seit die Welt existiert, ist sie zugegen und so wird es bis ans Ende der Welt bleiben." „Richtig", sagte die Königin. „Aber jetzt will ich Dir das dritte Rätsel nennen, das kannst Du unmöglich lösen."
„Warten wir es ab", antwortete der Prinz. „ Stelle mich nicht so auf die Folter, sag es. „Das dritte Rätsel lautet wie folgt: 'Welches ist das Ding, das anfangs auf vier Beinen geht, dann auf zweien und zuletzt auf dreien?" Da grinste der Prinz. „ Meine Königin, das ist das leichteste von allen. Das ist der Mensch. Wenn dieser klein ist und zu laufen anfängt, kriecht er auf allen Vieren. Wird er grösser, so geht er auf seinen zwei Beinen, und wenn er ins Alter kommt und sich ohne Stütze nicht mehr aufrecht halten kann, so hat er einen Gehstock und geht also nun auf drei Beinen." Die Königin erkannte, dass dieser Jüngling sehr gut vorbereitet war, und ihr ward bewusst, dass es kein Entkommen mehr gab. Da ergriff sie das Mobiltelefon, das ihr der Finanzminister Griechenlands gegeben hatte und rief das Triumvirat an, das heute besser unter dem Begriff „Troika" bekannt ist. Dieses Kontrollgremium, das aus Vertretern der Europäischen Zentralbank, des Internationalen Währungsfonds und der EU-Kommission besteht, kennt kein Erbarmen, und bei der Übergabe der fünfundzwanzig Millionen erschien der amtierende Ratspräsident persönlich, um das Geld auf einem der Konten des europäischen Parlaments zu parken.

Das Opfer

Pater Apostolis brachte dann meine Geburtsstadt Florina im makedonischen Griechenland ins Spiel. "Willst Du uns nicht etwas über Deine Stadt erzählen?" sagte er und erzählte die Anekdote, dass er mal in Florina bei einer Bärenjagd mitgemacht hätte. Da ich wenige Tage zuvor mit meiner Frau in alten Geschichtsbüchern die Geschichte von Florina erkundet hatte, fiel es mir nicht schwer, etwas darüber zu berichten:

Folgende Geschichte spielte sich vor über 3000 Jahren ab:
In der Nähe der nordgriechischen Stadt Florina hauste eine grausame Herrscherin, sie wurde nur "Menschenfresserin" genannt. Ihr musste jedes Jahr am 13. April ein Opfer gebracht werden. Dies war seit Generationen der Fall, und am Vortag entschied das Los, welcher achtzehnjährige Erstgeborene in die Höhle gehen musste, aus der seit Jahrhunderten keiner mehr lebendig heraus kam.
Einmal traf das Los Epileos, den Sohn eines blinden Handwerksmeisters. Alle im Dorf waren sehr betrübt, weil Epileos das einzige Kind des Meisters war und ihn bei seiner Arbeit stets nach besten Kräften unterstützte. Der Tod von Epileos würde zwangsläufig auch den Tod des Vaters nach sich ziehen.
An dem Abschiedsfest, das am Vorabend stattfand, ergriff Andromachos das Wort. Er war der Sohn des Bürgermeisters. Andromachos verkündete, dass er an Stelle von Epileos in die Höhle der barbarischen Herrscherin gehen wollte und sich zum Fraße anbieten, weil die Legende besagt, dass wenn einmal die Herrscherin den Sohn des Dorfältesten fressen würde, der Fluch vergehen würde.
Vergeblich versuchten seine Eltern, ihn von seinem Vorhaben abhalten, doch Andromachos war entschlossen, sich zu opfern, um ein für alle Mal diesen

Fluch zu brechen. So machte er sich auf den Weg zur Höhle und stieg die steilen Stufen hinab. Das Untier in Frauengestalt sah ihn und freute sich auf die leckere Mahlzeit. Da aber zog Andromachos blitzschnell seine Lanze und erstach die böse Zauberin.So hatte das Dorf seine Ruhe vor dem Fluch.

In Florina bin ich geboren. Meine Geburtsstadt wurde 391 v. Christus zum ersten Mal erwähnt, böse Zungen, die behaupten, ich hätte damals schon gelebt, irren sich. Ende des letzten Jahrhunderts wurden bei Ausgrabungen Überreste der Akropolis gefunden und zwar im Gebiet des heutigen Florina, das in der Antike Lykestis hieß. Der damalige König Aegeos hatte sogar die Macht über ganz Makedonien. Aus Florina stammte auch Eurydike, die Großmutter Alexanders des Großen. Zweihundert Jahre später waren es die Römer, die herrschten und Florina, ich habe da immer noch nicht gelebt, wurde eine Zwischenetappe der Via Egnatia, die von Byzanz über Thessaloniki führte. Und dann nahmen die Jahrhunderte des Eroberns und Erobertwerdens ihren Anfang.
Der griechische Befreiungskrieg begann 1821. Griechen, Osmanen, Albaner, Walachen, Bulgaren, Aromunen und slawische Mazedonier, alle wollten die Stadt ihr eigen nennen, und Gewalt erzeugte Gegengewalt. Aber das kennen wir ja auch im Jahre 2014.
Der Dramatiker Emil Ludwig, der im Jahre1915 Florina besuchte schrieb:
„Florina – das erste Ziel – ist gefährlich oder nimmt doch den Schein an. In dunklen Straßen wogt eine klebrige Masse von Männern umher, viele türkisch angezogen, meist mit Dolchen. Der Ort ist voller Agenten, Spione, Schieber, und jeder Deutsche ist längst avisiert, ehe sein einrollender Wagen die Leute auf die Hauptstraße lockt. Viele hier reden Deutsch......

Die ca. 400 Mitglieder umfassende jüdische Gemeinde in der Stadt Florina wurde Anfang Mai 1943 in das Konzentrationslager Auschwitz deportiert und dort ermordet. Ende Oktober 1944 zogen sich die deutschen Truppen aus Florina zurück, um danach bis 1949 Schauplatz kriegerischer Auseinandersetzungen zwischen den linksgerichteten Aufständischen unter kommunistischer Führung und der regulären griechischen Armee zu sein. Hier möchte ich erwähnen, dass einer derjenigen, die auf der Seite der griechischen Armee kämpften, mein Vater war, der jedes Mal, wenn diese Thematik aufkam, feuchte Augen bekam, weil er diesen Brudermord nie verkraftet hat. Sowohl die Stadt Florina als auch die Region hatten unter den Folgen des Bürgerkriegs zu leiden. Erst danach wird im Geburtenregister der Stadt mein Name auftauchen. Sechs Jahre später, einige wissen das, habe ich die Stadt mit meinen Eltern verlassen, um sie fünfzig Jahre später zum allerersten mal wieder zu besuchen.

An einem Apriltag des Jahres 2014 in Florina: Die Sparpläne der europäischen Union haben das schöne Studentenstädtchen bis an die Grenzen des Ruins gebracht. Die Arbeitslosigkeit beträgt weit über dreißig Prozent, wobei die der Jugendlichen unter fünfundzwanzig die magische Grenze von sechzig Prozent ankratzt. Die Immobilienpreise haben einen Tiefstwert erreicht, und weit über vierzig Prozent der Läden in der Innenstadt sind geschlossen oder werden zur Miete angeboten, wobei das Angebot ein Vielfaches der Nachfrage ausmacht.
Der Monatslohn für die, die das Glück haben, einen Arbeitsplatz zu haben, beträgt knapp über vierhundertfünfzig Euro, wobei dieses nur bei einer Siebentagewoche garantiert werden kann.
Jede dritte Stelle für Staatsbeamten ist in den letzten Jahren abgebaut worden. Die Pensionen wurden auf ca. 200 Euro im Monat gekürzt. Weit über die Hälfte

der Bettler auf den Straßen haben das sechzigste Lebensjahr überschritten, und die Selbstmordrate hat astronomische Höhen erreicht. Die Sparpläne, die die griechische Regierung alle zwei Wochen neu verabschiedet, werden von den Parlamentariern mit Orgien in diversen Bordellen der Hauptstadt gefeiert. Witwen haben kein Geld, ihre verstorbenen Ehemänner zu begraben und vielerorts werden Leichen hinter dem Haus verbuddelt. Monat für Monat werden über zehntausend Staatsbedienstete in eine Mobilitätsreserve versetzt, was nichts anderes als unbezahlter Urlaub bedeutet. Die Firmenbosse, die noch in Griechenland produzieren, vermindern das Gehalt der Mitarbeiter um dreißig Prozent mit dem Hinweis, dass die Steuerabgaben drastisch gestiegen sind.

Und dann geschieht das, was Millionen von Griechen erhofft, aber sich niemals getraut haben, es auszusprechen: Die Kirchen werden gestürmt durch einer Masse von Gläubigen. Die Fernsehkanäle strahlen Sondersendungen aus und im Radio ist eine Endlosschleife der griechischen Nationalhymne zu hören. Das öffentliche Leben ist erstarrt. Alle Menschen, bemalt in blau-weiß, strömen auf die Straßen, tanzen und singen, Wildfremde fallen sich in die Arme und ein noch nie dagewesener Freudentaumel ist ausgebrochen.
Was war geschehen?
Am Vortag des Dreizehnten Aprils verkündete der Patriarch von Konstantinopel, dass vor über zweitausend Jahren Christus geboren wurde, seine Lehre jedoch von den europäischen Regierungen nicht mehr befolgt wird. Und dieser Jesus sandte einen Engel, der dem Patriarchen verkündete, das Theodoros Kolokotronis für sechs Wochen wieder auf die Erde kommen wird.
Kolokotronis war ein griechischer Freiheitskämpfer und Generalfeldmarschall während der Revolution von 1821.

1806 wurde er von den Türken verfolgt und musste nach Zakynthos flüchten. Kolokotronis war neben Mavromichalis einer der Leitwölfe des griechischen Volks.
Er wurde später zum Vizepräsident des Exekutivrats gewählt. Über die Einsetzung des ersten griechischen Königs Otto war er nicht begeistert. Er wurde angeklagt, Verschwörungsversuche unternommen zu haben und nach seiner Verhaftung wegen Hochverrats zum Tode verurteilt. Diese Strafe verwandelte jedoch der König in eine Festungshaft. Vier Jahre später wurde er aus der Haft entlassen, seither ist sein Name gleichbedeutend mit Ehre und Freiheit und mit Kampf gegen die Unterdrückung.
Dieser Kolokotronis sollte also zurückkommen.

.... und die Pforten der Mitropolis von Athen öffneten sich und die neue Zeitrechnung begann.

"Καλύτερα μιας ώρας ελεύθερη ζωή, παρά σαράντα χρόνια σκλαβιά και φυλακή"

Lieber eine Stunde in Freiheit leben, statt vierzig Jahre in Sklaverei und im Gefängnis.

Der Mann aus Zucker

Langsam übermannte uns die Müdigkeit, aber wir fanden durch die fesselnden Geschichten und diese besondere Ausstrahlung, die von den beiden Priestern ausging, kein Ende. Pater Nikodemus erzählte uns die Geschichte von zwei Prinzessinnen, die vor über tausend Jahren in der Nähe der Insel Milos gelebt hatten:
„Vor langer Zeit lebte ein König, der hatte zwei Töchter. Viele wollten die Prinzessinnen heiraten, aber beide, so unterschiedlich sie auch waren, wollten keinen der Jünglinge, die sich um sie bemühten. Da beschloss die Jüngere, sich selbst einen Mann herzustellen. Sie nahm Mehl, Butter, Zucker, Eier, Grieß und Mandeln, mischte alles zusammen und knetete daraus einen Mann. Als dieser fertig war, stellte sie ihn vor eine Ikone, kniete nieder und betete.
Vierzig Tage und vierzig Nächte betete sie, und auf einmal verwandelte sich die Knetmasse in einen stattlichen Burschen. Dies wurde sehr schnell überall bekannt und jeder freute sich mit der Prinzessin über ihren Mann aus Zucker.
Ihre um zwei Jahre ältere Schwester war daraufhin sehr eifersüchtig. Sie ließ durch treue Handlager den Zuckermann entführen und ihn im Kerker einsperren. Mehrere Monate vergingen, da beschloss die ältere Schwester, sich selber auch einen Zuckermann zu bauen.
Sie nahm ihrerseits Mehl, Butter, Eier, Grieß, Zucker und Mandeln, mischte alles zusammen und knetete daraus einen Mann.
Da sie seinerzeit ihre jüngere Schwester beobachtet hatte, kniete sie sich auch nieder zum Gebet. Aber vierzig Tage und vierzig Nächte waren ihr zu lang. Nach dem zweiten Tag fluchte sie nur noch vor sich hin, und nach vierzig Tagen war ihr Geschöpf verfault und sie musste es wegwerfen.
Da kam der Jüngeren der Zufall zu Hilfe und ihr Zuckermann wurde befreit.

Einen Monat später wurde Hochzeit gefeiert, und die Königstochter und ihr Zuckermann lebten glücklich und zufrieden miteinander."
Pater Nikodemus schloss die Geschichte ab, in dem er uns nochmal ermahnte, dass nur das Gebet und die Ausdauer zum Ziel führen.

Die gute Schwester

Die folgende Geschichte, so erfuhren wir von Pater Nikodemus, ereignete sich auf Rhodos. Dort lebten einmal ein König und seine schöne Frau. Sie hatten eine Tochter. Eines Tages bekam die Königin noch einen Knaben, und wie es so üblich war zu jener Zeit, wurden die Tore des Palastes in der dritten Nacht nach der Geburt geöffnet, damit die Hellseher und die Gelehrten dem Kind seine Zukunft voraussagen können.
Da die Schwester des Prinzen in der Nähe schlief, hörte sie alles, was gesprochen wurde.
Die drei Magier erschienen.
Der erste sprach: „Das Kind wird, wenn es drei Jahre alt ist, ins Feuer fallen und verbrennen."
Der zweite sprach: „Wenn es sieben Jahre alt ist, wird es von einem Felsen stürzen."
Der dritte meinte: „ Der Junge wird weder verbrennen noch von einem Felsen stürzen, sondern am Tag seiner Hochzeit wird, wenn er mit seiner jungen Frau schlafen geht, eine Giftschlange vom Dachstuhl herunterkommen und ihn töten."

Die Schwester merkte sich alles genau, was die Hellseher gesagt hatten und sie beschloss, ihren kleinen Bruder zu bewachen und nie allein zu lassen. Die Jahre vergingen, das Mädchen kam ins heiratsfähige Alter, und da sie sehr schön und obendrein eine Prinzessin war, waren die Anwärter sehr zahlreich. Sie hatte jedoch beschlossen, auf ihren kleinen Bruder zu achten. Sie durfte das Vorausgesagte niemandem verraten, das wusste sie, und so erntete sie bei ihren Eltern viel Unmut, da sie sich für nichts anderes als das Wohlergehen ihres Bruders interessierte.

Ihr Vater und ihre Mutter blickten mit großer Sorge auf ihre Tochter und fragten sich, warum sie immer so traurig sei und ob sie sich nicht, wie andere junge Mädchen in ihrem Alter, auch für das Gesellschaftliche interessieren könnte. Aber weder ihren Eltern noch irgendeinem andern wollte sie es sagen. Sie schaute nur immer auf ihren Bruder und weinte.

Als dieser drei Jahre alt geworden war, kam er dem Kaminfeuer sehr nah. Er wollte schüren und mit den Flammen spielen. Schon war er nahe daran, hineinzufallen und sich zu verbrennen, da zog ihn die Schwester zurück, und so entging das Kind dem bösen Schicksal.

Es wuchs nun heran und wurde sehr lebhaft,und eines Tages, als es mit den anderen Kameraden spielte, war es einem Abgrund sehr nah gekommen und drohte in die Tiefe zu stürzen, da sprang wieder seine Schwester, die ihm überall hin folgte, rasch herbei, fasste ihren Bruder am Rock und zog ihn zurück. Und so entging er auch dem zweiten bösen Schicksal.

Allmählich wurde er erwachsen und war zu einem schönen Jüngling geworden. An seinem dreiundzwanzigsten Geburtstag verheiratete er sich.

Am ersten Abend nun, als das junge Paar sich in die Privatgemächer begab, stürzte sich eine riesengroße Schlange vom Dachstuhl herab vor den Prinzen. Aber da war wieder seine Schwester zur richtigen Zeit am richtigen Ort.

Als die Schlange auf ihren Bruder zukroch, zückte sie ihren scharfen Dolch und tötete diese.

Somit war auch das dritte schreckliche Unglück abgewendet. Der Schwester fiel eine große Last vom

Herzen und sie erzählte alles ihren Eltern, von den drei grauenvollen Voraussagen und warum sie stets auf ihren kleinen Bruder aufgepasst hatte.
Am nächsten Tag wurde ein noch größeres Fest gefeiert als am Tag zuvor bei der Hochzeit des Prinzen. Und viele junge Prinzen kamen und unsere Heldin verliebte sich sogleich. Keine drei Monate später wurde eine weitere Hochzeit gefeiert. Die Eltern teilten das Königreich in zwei gleiche Hälften, und das war seinerzeit gar nicht üblich, da gewöhnlich alles auf den männlichen Erben überging. Aber der Prinz bestand darauf, dass seine liebe Schwester die Hälfte des Königreichs bekommt. Das edle Schwesterherz wurde belohnt.

Der Abschied

Inzwischen hatten wir einige Flaschen Retsina geleert und die ersten Sonnenstrahlen machten sich durch die olivgrünen Gardinen bemerkbar. Niemand hatte in den letzten Stunden auf die Uhr geschaut. Ein Schlachtfeld voller Tapsi, Teller, Flaschen und Gläser lag vor uns. „ In zwölf Stunden seid ihr schon in Eurem Dorf in Deutschland", sagte Pater Apostolis, „und da werden Florina und Mytilini nur noch Erinnerungen sein."
Wir leben mit den Erinnerungen, wir leben durch die Erinnerungen. Wir haben mit diesen zwei Menschen, mit denen wir die ganze Nacht verbrachten, eine Art von seelischer Gelassenheit erfahren, die uns auf unserem weiteren Weg begleiten wird. Wir haben erfahren, was intensives Sprechen bewirkt. Wir haben unseren Geist erfrischt.
Mit der richtigen Diagnose sind alle Therapien erfolgreich. Stress, beruflicher Ärger, private Probleme, freudige Erwartung vor einem wichtigen Ereignis, die

Lösung aller Probleme heißt Gott, und das Wort Gott ist nichts anderes als das Wort Liebe.
Als uns Pater Nikodemus zum Abschied segnete und küsste, sahen wir in die Augen eines heiligen Mannes.
„Wir sehen uns wieder, das weiss ich", sagte er.
„Wir sehen uns wieder, bevor ihr jedoch geht", meinte er, „muss ich Euch noch eine Geschichte erzählen, die von einem der berühmtesten Sklaven der Geschichte Griechenlands bekannt ist: Aesop schrieb die Geschichte vom kranken Löwen und ich bitte Euch, meine Freunde, niemals auf solche Herrscher hereinzufallen. Betrüger und Heuchler gibt es mehr als genug. Geht Euren Weg geradlinig, geht auf dem Pfad Gottes und Ihr werdet sehen, Ihr werden niemals allein sein.

Ein einst mächtiger Löwe lag alt und schwach in seiner Höhle und war nicht mehr in der Lage, auf die Jagd zu gehen. Er wäre elend zugrunde gegangen. Da hatte er einen Einfall. Er ließ verkünden, dass er bald sterben würde und dass er von allen seinen Untertanen persönlich Abschied nehmen wollte. Nacheinander kamen die Tiere vor die Höhle des Löwen, und der König der Tiere rief jeden zu sich. Jeder, der gekommen war, erhoffte sich einen Vorteil, wenn später mal das Reich aufgeteilt werden sollte, und man kam mit diversen Gastgeschenken. Ein gerissener Fuchs, der eine Zeitlang in der Nähe der Höhle verbrachte und das Ganze beobachtete, sagte zu sich: "Seltsam, alle Tiere gehen in die Höhle hinein, aber niemand kehrt zurück. Die Höhle des Königs ist zwar groß, so groß, dass sie alle Untertanen aufnehmen kann, ist sie aber doch nicht." Vorsichtig trat der Fuchs vor den Eingang und rief höflich: „Herr König, ich wünsche Euch ewige Gesundheit und einen guten Abend."
„Na da ist ja mein treuer Freund der Fuchs, Du wärst fast zu spät gekommen", sagte der Löwe, als hätte seine letzte Stunde geschlagen. „Hättest Du noch

etwas länger gezögert, so wärest Du nur noch einem toten König begegnet. Du bist mir jedoch herzlich willkommen, komm näher und erfreue mich mit Deiner Anwesenheit."
„Seid Ihr denn allein?" fragte der Fuchs mit gespieltem Erstaunen. Der Löwe antwortete erzürnt: "Bisher kamen schon einige meiner Untertanen, aber sie haben mich alle gelangweilt, darum habe ich sie wieder fortgeschickt. Jedoch Du, mein Freund, bist lustig und immer voll pfiffiger Einfälle. Komm näher, das ich Dich besser sehen kann."
„Großmütiger König", sagte der Fuchs demütig, "Ihr gebt mir ein schweres Rätsel auf. Unzählige Spuren im Sand führen in Eure Höhle hinein, aber keine einzige wieder heraus, und Eure Festung hat nur einen Eingang. Mein Gebieter, Ihr seid mir zu klug. Ich will Euch nicht mit meiner Dummheit beleidigen und lieber wieder fortgehen."
Der Fuchs verabschiedete sich und ließ den Löwen allein."

Pater Nikodemus umarmte uns noch einmal und wir wussten, dass uns ein heiliger Mann die Ehre gegeben hatte, mit uns diesen Abend zu verbringen.

Teil 2
Die unsichtbare Grenze der Seele

1.

Geliebte, sicher werde ich einige Stunden brauchen
Um Dir alles zu erzählen
Was mich gerade bewegt.
Vom Altern hatte ich nie Angst
Und ich stelle mir jetzt vor
Ich würde Dich beim Schlafen beobachten
Und dabei die Nächte zählen,
Die wie Gedankenzeichen
Die Jahre rekonstruieren.
Ich fürchte Dir niemals gerecht zu werden
Und im Gegensatz zu der Einsamkeit
Erhebt sich eine Gewissheit zum Protest.
Dass das Telegramm des Zauderns
Niemals ankommen wird.

2.

Es spielt keine Rolle sagte sie
Wir haben die Kriege verloren
Die Afrikaner lernen Quadratwurzeln errechnen
Und Du, der einsame Bierkutscher
Schaust aus dem Schaufenster
Den Tänzerinnen zu
Die gerade ihre Büstenhalter zurechtrücken.

Es spielt keine Rolle sagte er
Meine Liebhaber sind alle tot
Die Tagebücher verbrannt
Und die Rabbiner verstecken sich
In der Sakristei
Basmati Reis wird als Beilage gereicht
Und es gibt kein Erwachen mehr.

Die Afghanen rasieren sich unter der Kuppel
Die Millionäre entziehen Steuern
Der Chefarzt ist korrupt
Und der Gestank der Hinterhöfe bestialisch.
Alles verwandelt sich in Asche
Alles ist eine Verlockung
Deine Augen allein, blosse Verführung.

3.

Gernika wurde von Deutschen zerstört
Dresden durch die Amerikaner.
Die Japaner besetzen die Sushi Bars
Und altgediente Militärs
Sind heute Einparker im Schloss Hotel.

Ich gestehe freiwillig
Dass meine Liebe niemals durch Rasierklingen
Die Legitimationskarte erbitten wird.
Liebe mich weil alles möglich ist.
Solange es einen Dreizehnten des Monats gibt.

4.

Kurz vor dem Abspann
Verspürte er den Drang
Noch einmal pinkeln zu gehen.
Dabei hat er den Schluss des Films verpasst
Und der Mörder ist entkommen.

Tröstlich dass seine Träume längst gestorben sind
Tröstlich dass es keinen Abschied gibt
Lediglich die Leidenschaft der Heuchlerin
Die wie Unkraut die Sinne betäubt.

Wenn er noch leben würde
Wäre der Name Freiheit
Ein Artefakt der Begeisterung
An Hakenkreuzsymbole.

5.

Sie kuscheln aneinander
Jetzt schon elf Jahre.
Sie besuchen die Dunkelheit
Und erahnen all das
Was andere erleben.

Sie sagen sich gute Nacht
Und die Nachtreise beginnt.
Sie öffnet die Tore vom Kaufhaus
Und er die der Träume
Sie findet Lauch und frische Petersilie
Und er einen Sonnenuntergang am Mittelmeer.

Als er nachts aufstehen muss
Unterbricht der Drang zur Toilette
Seine Reise nach Kythera
Er kommt an dem Wäschekorb vorbei
Und sah ihren Büstenhalter der achtlos da liegt

Als er sich wieder dem Schlaf hingibt
Ist Agamemnon schon da
Odysseus hatte sich telefonisch entschuldigt
Und der Henker schaut ihn erwartend an.

Sie kuscheln aneinander
Jetzt schon elf Jahre
Und er stirbt jede Nacht denselben Tod.

6.

Heute Morgen
Aber erst nach dem Kaffee
Sagte ich mir,
Dass die Dorfbewohner Dir unrecht tun.

Ich wollte neu geboren werden
Um Dich noch einmal als Kind zu erleben
Und mit einer Packung Taschentücher
Gemeinsam noch einmal Titanic in 3D zu sehen.

Heute Mittag
Aber erst nach dem Nachtisch
Sagte ich mir
Dass die Leute im Park merkwürdig ausschauen

Und da ich neu geboren war
Sah ich wie sich im Rinnstein ein
Lavastrom von Fäkalien ansammelte
Die Vorstellung hatte angefangen.

Heute Abend
Aber nach dem Abendmahl
Wurde mir klar
Dass ich die dreißig Silberlinge verloren hatte.

7.

Die Spielregeln sind so simpel:

Die Brücke haben wir erobert
Also verteidigen wir sie.
Das Schwein ist geschlachtet
Also grillen wir es.
Die Bücher sind geschrieben
Also lesen wir sie.
Die Theaterkarten sind gekauft
Also sitzen wir sie ab.
Die Kleider ausgezogen
Also lieben wir uns.

Wahnsinn dieser Pragmatismus.
Kommen wir zum nächsten Tagesordnungspunkt:

Griechenland haben wir erniedrigt
Also lassen wir es bluten.
Die Politiker haben wir gekauft
Also sollen sie jetzt was tun
Die Übungen gelingen perfekt
Also ziehen wir das Bajonett auf.
Die Menschheit ist auf dem Notenständer
Einer traurigen Weise

Wahnsinn diese Einfachheit ....
Ober, noch zwei Bier !

8.

Er hatte es sich fest vorgenommen eine
Katastrophe zu planen.
Ein Katholischer Prediger stand ihm zur Seite
Eine Apostolische Nervenärztin
Vervollständigte das Trio.

Aus der Kammer seiner
Makellosen Erinnerungen
Hatte er alles entfernt.
Die Frau die er heiraten wollte
Den Job um den er sich so bemüht hatte.

Die Erleichterung
Erzeugte das Glücksgefühl der Dichtung.

Als Sinnspruch stellte er sich
Ein einfaches „Warum" vor
Und im Reagenzglas seiner Gedanken
Sah er die Revolution blühen.

Und es vergingen siebzehn Tage
Bis der Brief kam.
Er öffnete sich eine Flasche Bier
Trank geduldig und sah wie im Hinterhof
Drei Kinder Fußball spielten
Und sein Plan endete inmitten der vierten Seite
Seines Tagebuchs.

9.

Stets Nachdenklich
Fast Melancholisch und Schwermütig
Sind Deine Augen seit diesem Sommer
Wo ist Dein Herz geblieben
Dieses Feuerwerk an Ideen.
Stets Warst Du zum Vulkan unterwegs
Kein Hurrikan konnte Dich aufhalten
Jetzt genügt Dir nur noch die Parkbank
Und Du beobachtest durch das Gebüsch
Die Leiden der Passanten.

Komm zurück
Und betätige die Giftspritze
Die Dir übernächsten Montag
Zugesichert ist.

10.

Am Nachmittag des vierundzwanzigsten
Sonntags war es glaub ich
Kam der Anruf
Fast gleichzeitig mit dem Wäschepaket.
Am Samstag darauf
Das Blutgetränkte Kleid.

Sieben Jahre können eine Ewigkeit sein
Wenn die Kommunikation fehlt
Und Dein Erscheinen ist wie erahnt
Die Poesie eines Luftleeren Raums
Zwischen den Ritzen der Mauer.

Am Nachmittag des vierundzwanzigsten
Er war doch an einem Montag
Jetzt weiß ich es ganz genau
Als Dein Schweigen aus der Schattenwelt
Das Glück der Melancholie gebar.

11

„Ich Dich auch"
Sagte Sie und legte den Hörer auf.
„Wer war es?"
Sagte die Stimme die unter ihr lag
„Niemand" sagte sie
„Es war nur die
Vergangenheit die die Gegenwart überholt."

12.

Retrospektive ganz in blau
Gesichter und Farben
Sie kommen und gehen
Wie Liebhaber der Vergangenheit
Ein Hin und Her
Augenblicke und doch ein ganzer Herbst.

Zurückgelegte Strecken
Ungenutzte Chancen
Und immer wieder eine Stimme
"Bereust Du es?"

Ankerlose Schiffe
Zifferlose Uhren
Emotionen die es nie gab
Traurigkeit und endlose Strände
Geschmacksverstärker der Bitterkeit
"Bereust Du es?"

13.

Sie hatte im Garten zu tun
Die letzten Jahre hatte sie immer im Garten zu tun
Da kam der Anruf aus Thessaloniki
Die Stimme sagte: " I adelfi sou pethane"
Sie verstand soviel griechisch
Das sie "Schwester" und "Tot" verstanden hat.
Nach neun Monaten Atemstillstand
Sprach sie ihr Mann wieder an
"Was ist passiert"
"Veronica ist gestorben" sagte sie
„Ich muss nach Griechenland"
Und er begleitete sie
Zum ersten Mal nach so vielen Jahren
Haben sie wieder gemeinsam was unternommen
Sei es auch nur, einen Menschen zu begraben.

Der Sargdeckel lag vor der Haustür
Im kleinen Wohnzimmer tummelte sich
Das halbe Dorf
Veronica lag Mitten im Raum
Weihrauchgeruch
Aber er, ihr Otto, war bei ihr.

Achtunddreissig Jahre Ehe
Drei erwachsene Töchter
Vier Enkel
Und eine ganz große Menge Einsamkeit.
Das letzte was sie gemeinsam unternommen haben
War die Taufe von Melanie vor zwei Jahren
Ansonsten Aufstehen
Frühstück
Garten und Nebeneinander leben

Klagelieder wurden angestimmt
Ein Pope sagte etwas
Es klang nach einem Gebet, sie verstand nicht viel.
Veronicas Mann war seit sie ihn das letzte Mal
Gesehen hat
Um Jahrhunderte gealtert

Drei Tage nach der Beerdigung
Es war der Erste Januar
Flogen sie wieder zurück.
Otto und sie erlebten trotz dem traurigen
Ereignis ein Glücklich sein das sie verdrängt hatten.

Das Herz begann aus dem Rinnstein
zurückzukehren
Der wesentliche Bestandteil des Lebens
Ist die Liebe
Und beide spürten wie sie wieder lebten.

An diesem Nachmittag
Des Ersten Januars erlitt er einen Herzinfarkt
Und verstarb noch in der Wartehalle
Des Flughafens

In jener Nacht erschien er ihr im Traum
Sie hatte im Garten zu tun.

14.

Das Paradies hatte Verspätung
Und zwischen Plastiktüten und
Dem Aroma von Alkohol und Lippenstift
Eine Million ungeschriebene Liebesbekenntnisse
Die in der Mannighaftigkeit
Der nie abgesandten Liebesbriefe verpuffen.

Gestehe
Und ich Zeige Dir das Gesicht des Mörders
Der seine Abschiedsrede schreibt.

Die alten Bouzoukiklänge sind wieder da
Die von Freiheit und Arbeitslosigkeit sprechen
Von nie erfüllten Träumen und einer Liebe
Die als Grabmal endet.

Das Paradies verspätet sich
Lass uns dieses suchen.

15.

Sein Vergnügungspotenzial
Bestand darin der Katze einen Tritt zu geben.
Das machte ihn zum Mann
Das gab ihm den Kick, den er brauchte.

Gegen Mitternacht ging er zum Park
Urinierte auf der Kinderschaukel sitzend
Und wippte sich glücklich.

Musik berührte ihn enorm.
Sie mußte schrill sein und laut
Laut und Schrill
Und wenn leichter Nebel aufkam
Dann wusste er
Dass er der unsichtbare Rächer ist.

So begann er seinen Feldzug
Da er sich für seine Familie schämte
Weil alle seiner Meinung nach
Freitagsmenschen waren.

Seine Lieblingsspeise war
Warmer Fleischkäse
Und bevor er aus dem Haus ging
Zog er die Baseball-Mütze an
Und die Verkleidung zum Supermann
Ist gelungen.

16.

Als er noch ein Junge war
Lernte er eine Frau kennen.
Er nannte Sie „Traum 37"
Weil sie gerade ihren 37. Geburtstag feierte.
Für Sie war es nur eine Stunde Spiel.
Besoffen und fast im Delirium
Ließ sie es sich über sich ergehen.

Seine Tränen waren aus Weihrauch
Und bis zu seinem Todestag
Fast zwanzig Jahre später
Sah er sie fast allnächtlich im Traum
Weggeworfene Erinnerungen
Pulsierende Körper
Purpurnes Kerzenlicht

Sie war sein „Traum 37"
Und die Menschenmenge erhob sich
Zu einer Gedenkminute
In jener Nacht ist er zum Mann geworden

17.

Die Wahrscheinlichkeit von einer Möwe
Angeschissen zu werden ist höher
Als der Sturz vom Glockenturm.
Und somit überquert er die Straße
Wenn die Fußgängerampel auf grün
Und die Straße beidseitig gesperrt ist.

So hat er auch sein zweites Kind gezeugt
Aus Angst, das Erste würde unerwartet sterben.
So kauft er Lebensmittel ein
Aus Angst der dritte Weltkrieg könnte beginnen
Und so holt er nachts kurz nach drei
Mit dem Fahrrad
Seine Frau von ihrem Liebhaber ab
Aus Angst sie würde Benzin vergeuden.

Er hat Genug
Als er begreift
Dass Angst vorm eigenen Schatten
Selbstmord bedeutet.

18

Da kommen sie wieder
Die Neureichen aus dem Vorort
Organisieren Weinproben
Und bevorzugen Bordeaux statt Retsina.
Halten sich Exotische Tiere im Garten
Und lassen in ihrem Personalausweis
Als Beruf "Manager" eintragen.

Sie haben innerhalb von Monaten vergessen
Dass sie alle Klausuren abgeschrieben haben
Das sie Autos fahren
Die Zwanzig Liter verbrauchen
Und die vierte Eigentumswohnung
Auf Palma gekauft haben.

Unter der Sonne lassen sie sich bräunen
Und die Haushälterin darf niemals Schlüpfer tragen.
Da sie darin
Die unsichtbare Grenze der Seele vermuten.

19.

Als es an der Anzeigetafel 3098 zu3096 stand
Fragte ich meinen Nachbarn was das für
Eine Veranstaltung war.

"Bist Du blind Mann" sagte er
Wir haben 3096 Mann verloren der Gegner 3098

Das war der
Sprachloseste Augenblick meiner Zeit
Und das Schlachtfeld färbte sich rot.

20.

"Appalisches Syndrom" sagte der Arzt
Sie schaute verwirrt
"Wachkoma" murmelte er
Und weil es Vorschrift ist
Lies er sie einige Unterlagen unterschreiben.
Wie ein Fisch im Netz
Ein Adler ohne Flügel
Lag ihr Ehemann
In den Fesseln seiner Erinnerungen.

Waren Tage erst vergangen
Oder sieben Jahre
Er wusste es einfach nicht.
Er lag da, lies sich durch Sonden ernähren.
Eine neue Ordnung
In einer neuen Welt
Getaucht in ordinäre Farben.
Weil es Vorschrift ist.

Manchmal sagte der Arzt
Ist Zweck und Funktion mancher Menschen
Sehr suspekt
Und er, der da lag dachte sich
Dass es viele Arten des "Doofseins" gibt
Fast so viele Variationen
Wie Möglichkeiten für einen Selbstmord.

Er lag im Zimmer 777 c was zwischen den
Räumen 58b und 13e zu finden war.
Und die Endlosschleife des Fernsehers
Zeigte erneut den Crashkurs
"Medizin für Zurückgebliebene"
Weil es Vorschrift ist

Er konnte Musik vernehmen
Sehr melodische Musik
Und würde so vieles dafür tun
Um den letzten Brotkrümel
In der Bratensoße zu ertränken
Und genüsslich den Gaumen zu erfreuen.

Und seine Frau streichelte ihm
Die Schweißtropfen von der Stirn
Versuchte das Bett zu glätten
Und lächelte ihn an
Ein majestätisches Lächeln
Man sollte sie zur Königin ernennen.

Die Metzgereifachverkäuferinnen haben
Den Feierabend verdient
Und die Handgranaten lagern im Handschuhfach
Neonlichter blenden
Die Liebesdienerinnen bei ihrer Arbeit
Und der alte Banker furzt lautlos
Während seine Sekretärin den Tee serviert.

Für Depressionen ist es jetzt zu spät
Die Zuschauerränge sind brechend voll
Mögen die Spiele beginnen.

21.

Ich möchte Deine Träume lesen
Deine alten Träume
Als Du noch jung
Deine jetzigen Träume
Und die Träume die Du noch nicht geträumt hast.

Wenn man etwas nicht sieht
Heisst es nicht
Dass es nicht existiert
Und ich sende Dir eine Email
Mit lauter Ausrufezeichen
Sind schon Fünfunddreissig Jahre vergangen?

Ich sehe Dich wie früher
Eigentlich sehe ich Dich immer wie früher
Nur Du siehst Dich anders
Ich sehe noch das hübsche Gesicht
Und die bestimmenden Augen
Sehe die blühende Jugend
Und höre uns pfeifen
Stundenlang die Schlager.
Es gab damals nur das Radio und uns.

Das offene Fenster war der Kühlschrank
Und alles was wir brauchten war die Nähe des Anderen
Und Du fragtest hast Du die Tauben gesehen
Und ich sagte ja
Und Du fragtest hast Du die Rosen gesehen
Und ich sagte ja
Aber ich kümmerte mich nicht um Tauben
Mich interessierten keine Rosen
Du warst der Mittelpunkt

Und die Jahre wurden poröser
Und wir ähnlicher

Und wenn ich in Deinen Träumen lese
Da finde ich die versteckten Wünsche
Paul Newman hat sie gefunden
Als er Elisabeth Taylor suchte
Auf heißen Blechdächern
Oder zwischen Bougainvillea Sträucher.

"Siehst Du" hörte er sie sagen
"Siehst Du, Du willst Dich nicht ändern"
Und die Anzahl der Träume schwindet
Die alten Träume sind archiviert
Die jetzigen Träume im Wasserglas
Und die zukünftigen zwischen Rasierklingen.

22.

Das Schweigen aus dem Hörer
Zweifellos bist es Du

"Lass mich Dich umtaufen" höre ich jemanden rufen
"Ich will dich umtaufen, auf den Namen Hoffnung"
Zweifellos hat derjenige noch die Kraft
An Menschen zu glauben.

Als ich Dir den langen Brief schrieb
Kam als einzige Antwort ein: "Danke"
Wie eine vorgesungene Drohung
Und das Warten wurde zur Bestimmung.
Irgendwo werden die Operationen vorgeplant
Und als offizielle Nationalhymne
Nimmst Du Maheritsas: O palios Stratiotis

Wir treffen uns hinter den Ruinen
Und das Schattenspiel beginnt mit einem Kuß
Zweifellos wird es erfolgreich sein.

Meistens kommt alles
Zur falschen Zeit
Du jedoch keine Sekunde zu spät
Du gabst mir Unterkunft und Verpflegung
Und vor allem
Absolution

Draußen fahren Autos
Und Du liest mir Liebesbriefe vor
Die Zweifellos von mir noch geschrieben werden.
Der Mond ist doch viel näher
Als der vergessene Kummer.

Dein Gerechtigkeitssinn ist gut justiert
Und als Erklärung warum ausgerechnet
dieser Chinese Dein Lieblingschinese ist
Sagst Du: "Er hat Tische aus Mahagoni"

Dem alten Diskjockey geht die Puste aus
Es war abzusehen wie lange er es noch macht
Und Du ergreifst das Mikrophon
Ohne Wehklagen
Die Musik hört auf
Die Rauschmeißer betreten die Bühne
Zweifellos Majestätisch

Es war das bekannte Schauspiel
Die Lyrik ist in Unterzahl
Popcorn wird als Hostie verteilt
Und der Eremit verpflichtet sich
Die Top 100 der Charts zu erlernen.

Menschen und Hirten
Vielfalt und Klaustrophobie
Ein Kreislauf im Wasserglas
Katzantzakis erschien mir im Traum
Und pflanzte im Garten einen Rosenstock.

Die ganze Welt steht Kopf
Und wartet auf den dritten Weltkrieg
Ich dagegen warte auf Dich
und Zweifellos wird dieser Abend wieder
Eine Sommerbrise der Liebe.

23.

Wenn ich die leuchtenden Körper sehe
Und den Minister im Fernsehen
Wenn ich das Schweigen der
Liebenden höre
Und die sanften Hinrichtungen
Wenn ich die Flammen beobachte
Und die Drogensüchtigen
Sehe ich die alte Frau
"Wahrsagerin" stand auf ihrem Zelt
Und mir wird bewusst
Dass es immer ein Verlustgeschäft ist
Zu leben.

24.

Klar bist Du willkommen
Bring Deinen Kaffeebecher mit und die Anleitung
Zur Reparatur der alten Schreibmaschine.
Komm einfach rein und lass Dich nicht stören
Auch nicht von den Demonstranten
Die ab und zu vorbei schauen.

Stört Dich nicht diese unangenehme Leichtigkeit
Zwölf Hundeleben hat es gekostet
Bis die Bärenfalle richtig funktioniert
Achte darauf wenn du kommen willst.

Naja, Du siehst mich Großzügig
Bist vorsichtig, weil irgendetwas nicht stimmen kann
Und nimmst Dir vor
Unbedingt den Wasserhahn zu reparieren
Oder dem Krokodil einen Zungenkuss zu geben.

Klar bist Du willkommen
So wie Du aussiehst brauchst Du jemanden
Der zuhört
Oder Dich einfach akzeptiert
Um am nächsten Tag
Dich daran zu erinnern
Wo das Silber versteckt ist.

Lass die Lethargie beiseite
Und erkenne die alltägliche Liebe.

25.

Sein Lieblingsessen war
Garnelen in Zwiebelsosse
Danach karamellisierter Marmorkuchen
Und ein Rote-Beete-Sorbet.

Er wollte mit " Mein Prinz" angesprochen werden
Urinierte stets zu jeder vollen Stunde
Und träumte davon
Einen Hundesalon in Athen zu eröffnen.

Zu jeder halben Stunde
Schrie er aus dem stets offenen Fenster:
" Ihr alle seid Kreaturen der Sehnsucht"
Um dann seinen Melonentee zu trinken.

"Die Zeit ist reif für die Herrschaft des Mannes"
Schrieb er in sein Tagebuch
Just an dem Tag
Als er sich ins Krankenhaus begab
Um die Geschlechtsumwandlung vorzunehmen.

Sein Lieblingsessen war
Garnelen in Zwiebelsosse
Und nach der Umwandlung
das Selbe zusätzlich mit einem Löffel Sahne.

26.

Einen Fetzen Himmel
War alles was er sah
Ansonsten arbeitete er in der Bibliothek der Anstalt.

Er wollte ein Buch schreiben über die Lehren
Der Einsamkeit,
Des Selbstmitleids.

Er lernte wie Richard Widmark zu gehen
Humphrey Bogart zu sprechen
Gregory Peck nachzueifern
Und wie Cary Crant zu lächeln.

Den Akt des Schreibens wollte er erlernen
Rührende Schlager verfassen
Herz / Schmerz sollten sich mit
Hirnhautentzündung reimen
Aber es reichte meistens nur
Für zwei Zeilen
Jetzt schon seit sieben Jahre
Tag für Tag die gleichen zwei Zeilen

Erstarrung in völliger Leere
Und sonntags wenn seine Mutter kam
Ließ er sie diese Zeilen lesen
Und sie war so stolz auf ihn
Und umarmte ihn
Und küsste ihn
Und als sie sagte:
"Bis nächste Woche mein Junge"
Erwiderte er
"Schau mir in die Augen Kleines"

27.

Die Seltsamkeit des Seins
In den Kerkern der Militärpolizei
"Nehmen Sie uns das nicht übel"
Sagte ein Oberst der die Voltzahl hoch drehte
"Vielleicht sind wir morgen Freunde".

Die Menschlichkeit liegt im Staub
Und die Titelgeschichte ist längst geschrieben
Christen gegen Christen
Menschen gegen Menschen.

Irgendwie ist der Mechanismus fest geschrieben
Pathos wird zelebriert
Und die Besucher freuen sich
Auf den Ouzo danach.

Die Grenzen die wir überschreiten
Sind Kreuzigungen der Ordnung
Eine Ordnung die notwendig erscheint
Die Macht aufrecht zu erhalten.

Diese Grenzen sind real
Prosaisch ist lediglich das Himmelbett
In dem sich der Folterer hinlegt
Mit der Gewissheit
Sein sadistisches Experiment sei gelungen.

Das Schweigen ist zur Landessprache geworden.

28.

Er wollte das Triangelspiel
Oder Mandarin lernen.
Er wollte zum Mount Everest
Und mindestens zwei weitere Achttausender
Bezwingen
Er wollte mit Paris Hilton tanzen
Und mit Tarzan Elefantenjäger jagen.

Er wollte Mitten in eine Dönerbude kotzen
Und einmal das Hemd von Bob Dylan bügeln
Mit Harrison Ford einen Film drehen
Und einen Tag lang Krokodile füttern
Er wollte Lateinamerikanische Tänze erlernen
Und ein Fußballspiel im Maracana erleben.

Er wollte in den Matala-Höhlen schlafen
Und auf dem Olymp Athene begegnen
Er wollte 21 Kilometer
Die chinesische Mauer durchwandern
Er wollte einen Menschenfresser sehen
Und mit Hemingway über
Das kurze glückliche Leben von Francis Macomer
Eine Woche Diskutieren

Er wollte mit Orpheus singen
Und "Deutschland sucht den Superstar" verbieten
Er wollte diese Krankenschwester
Die ihn jeden Tag füttert zur Millionärin machen
Er wollte sie einmal fragen können
Wo sie geboren ist
Und ihr einmal die Vertrautheit schenken
Bevor sie von der Trostlosigkeit vernichtet wird.
Er wollte einmal wieder die Sonne sehen
Das Meeresrauschen vor Kreta hören
Seit er im Rollstuhl sitzt
Ist er von einer unersättlichen Neugier erfasst.
Seit er im Rollstuhl sitzt
Kann er gehen.

29.

Fünfundvierzig Jahre
Drei Monate
Siebzehn Tage
Er erhielt vom Direktor eine Urkunde zum Abschied
"Dem verdienten Mitarbeiter" stand darauf.
Das Häuschen war bezahlt
Die Frau vor drei Jahren verstorben
Die Kinder weit verstreut in Europa
Am nächsten Tag leerte er sein Bankkonto
Dreihundertdreiundzwanzig Tausend Siebenhundertzwölf Euro

Vor der Bahnhofskneipe spendierte er Freibier
Für alle die umherlungerten
Kaufte sich eine Flasche Mouton Rothschild 1945
Für über Zwanzig Tausend
Und aus einem Zoogeschäft alle Wellensittiche

Dem blinden Bettler
Kaufte er ein IPad
Und dem Taubstummen einen Mp3 Player
Den pädophilen Prediger schleppte er
In einen Schwulen Club
Dem Wohnungslosen der Zeitungen verkaufte
Schenkte er ein Abo der Staatsoper.
Der Bürgermeister wurde begrüßt mit
"Wenn Du einmal auf dem Marktplatz Sirtaki tanzt
spendiere ich dem Stadtpark neue Sitzbänke"

Für das Hospiz gegenüber der Kathedrale
Organisierte er ein Pink Floyd Konzert
Und einem Zirkusdirektor kaufte er
Alle Karten für die Abendvorstellung ab.

Dem Aidskranken Jungen
Kaufte er eine Eisdiele leer
Und den Goldfischen im See
Zwanzig Kilo Fischfutter

Er organisierte bei der Volkshochschule
Drei Jahre Sprachkurse für den arbeitslosen Lehrer
Und der Ärztin die am Wochenende kostenlos
In der Barackensiedlung von Thessaloniki weilt
Ein mobiles Krankenhaus.

Er bestellte vierhunderttausend Lesezeichen
mit der Abbildung von Katzantzakis
Und zahlte einem Klimaforscher Drei Monatsgehälter

Er leitete Haartransplantationen für Glatzköpfige
Und Brustverkleinerungen für die Anderen
Er zahlte Tausend Euro jedem
Der einem Börsenmakler in den Hintern tritt
Und eine Dauerkarte für die ersten Hundert
Die das 1893 Lied kannten.

Und dann legte er sich in sein
King Size Bett
Und wünschte sich im Traum
Eine Atombombe basteln zu können.

30.

Wie benutzt man die Seele
Fragte sich die alte Frau, inzwischen über neunzig.
Sie hat ihre Eltern beerdigt, ja sie waren alt.
Sie hat ihren Mann beerdigt, er war krank
Und ihre drei jüngeren Geschwister
Waren auch schon tot.

Eine Seele darf nicht ermüden
Sagte sich die alte Frau
Und da verunglückte ihr jüngerer Sohn
Und sie blieb allein
Mit den Erinnerungen und Michalis
Sie liebte ihn, er war das Einzige
Was ihr geblieben ist
Für alle anderen jedoch
War er ein Arschlochsohn

Die Sehnsucht wird zur Legende
Und der Brunnen ist längst zugemauert
Das offene Herz eine Ruine
Und die Suche ein ewiges Erwarten.

Vierhundertachtzig Euro Rente
Einhundertfünfzig für die Miete
Einhunderzwanzig für Strom und Telefon
Mit dem Rest von knapp Zweihundert
Könnte sie leben wie eine Königin.
Der Arschlochsohn jedoch beklaut sie täglich.

Und der Weg ist Ihr Ziel
Der Weg zum Grabmal und zurück
Der Weg ist ihre Zeit
Der einzige Weg ihrer restlichen Zeit
Flüchtlinge und Diebe
Reden über die Politik
Müde Worte werden verlesen
Und man trinkt kretischen Raki aus Wassergläsern

Sie war noch nie in Mexiko oder in Ägypten
Sie kennt sich jedoch in Demut aus
Und in den Träumen der Suchenden
Die Träume der Liebenden sind längst ausgeträumt

Der stetige Südwind macht sie traurig
Und die Helden sterben auf der Leinwand
Unbarmherzig.
Die Marmorplatten auf dem Grab
Werden mit Spülmittel gereinigt
Die Seelen jedoch bleiben haften.

Aus der Ferne sieht man ein Kleinkind
Mit einer Laterne die am Erlöschen ist
Die Lieder klingen alle so anders
Und die unendlichen Nächte unendlicher.

Die Abenteuer stehen Schlange
Und stumme Abmachungen
Werden mit Blut besiegelt.

Und die alte Frau hat jetzt drei Tage keinen Strom
Ihr Arschlochkind war wieder in Action
Und da der Strom abgestellt wurde
Muss erst ein Strafgeld bezahlt werden.
Dass der Herd nicht geht stört sie nicht
Sie trinkt täglich nur ein Glas Kondensmilch
Ein Zwieback, wird eingetunkt.

Die Tränen sind getrocknet
Die Diamanten zu Staub
Und das Mysterium des Lebens
In den Katakomben aufgegeben

Das perfekte Nichts ist erreicht
Und man zeigt ihr helle Farben
Die sich in ihren Händen in Schwarz verwandeln

Die Sonne ging früher im Osten auf
Jetzt ist sie noch in Museen zu bewundern
Und wenn sie ihre Hände an die Scheibe hält
Zeichnet der Nebel ihr Abbild.
Und wenn der Aprilregen kommt
Fliegt sie in fremde Himmel.
Weil sie so viele Lieder über Schwalben hörte
Die von Koujoumzis vertont wurden

In Golgatha hat sie Jesus drei Mal verleugnet
Und die Kerker der Seele
Haben keine Vorhängeschlösser mehr.
Die Mauern stürzen ins Mittelmeer
Und sie sucht den jungen Fischer
Der vor Siebzig Jahren hier lebte

Die Nachbarin hat einen Teller Spinat gebracht
Die Andere zwei Tomaten
Der Postbeamte einen Zahlschein
Weil der Arschlochsohn in ihrem Namen
Irgendetwas für seine Gespielin bestellt hat.

Und wenn der Sendeschluss naht
Fragt sie sich ob das Heute
Ihr letzter Tag ist
Und schließt die Augen
Die Sehnsucht ist Legende geworden.

Und sie hört die Schiffssirenen
Von Schiffen die kommen und gehen
Sie jedoch ist im Süden verankert
Und die Laternen leuchten durch ihre Kraft.

Gegrillten Tintenfisch hat sie gemocht
Jetzt ist er zu teuer
Und Baklava, mein Gott sie würde
Zwei Tage ihrer restlichen Zeit hergeben
Um noch einmal Baklava zu essen.

Oft denkt sie an Adam und Eva
Und ob diese schon mal in China waren
Gestern in den Nachrichten hat man gezeigt
Dass in China ein neuer Staudamm gebaut wurde.

Die Worte haben eine erbarmungslose Wucht
Und wenn die Nacht einbricht
Ist die Angst zu erwachen immer stärker
Und sie wird doch wach
Und da es Samstag ist schreibt sie
Auf einen Gebetszettel
Die Namen aller Verstorbenen
Die sie gemeinsam mit einer Prosfora
Der Nachbarin gibt, die damit zum Gottesdienst geht.

Eucharistie als letzte Versuchung
Und jeder Samstag wird erlebt
Wie wenn es der letzte wäre.
Der Herr der Herren neigt sich vor ihr
Und reicht ihr die Hand.

Die Schiffssirenen
Sind nur noch weit weg
Und trotzdem fordernd.

31.

Geliebte, sicher werde ich einige Stunden brauchen
Um Dir alles zu erzählen
Was mich gerade bewegt.
Vorm Altern hatte ich nie Angst
Und ich stelle mir jetzt vor
Ich würde Dich beim Schlafen beobachten
Und dabei die Nächte zählen,
Die wie Gedankenzeichen
Die Jahre rekonstruieren.
Ich fürchte Dir niemals gerecht zu werden
Und im Gegensatz zu der Einsamkeit
Erhebt sich eine Gewissheit zum Protest.
Dass das Telegramm des Zauderns
Niemals ankommen wird.

Nach so vielen Seiten bemerke ich
Dass ich Dir niemals gerecht werden kann
Die Einsamkeit ist mein Protest.
Und diese gibt es
Seit über 2000 Tagen nicht mehr

Bisher erschienen:

Jetzt und Immer
Ein übersprungener Tag
Verpasste Augenblicke
Träume töten ohne Warnung
Die Gesellschaft Deiner Seele
Ein Lächeln, das Dir wieder Leben einflößt
Na sou po….. Geschichten aus Griechenland
Griechische Wurzeln
Käpt´n Einauge im Märchenland
Griechenland liegt im Hinterhof